JN431725

창세기

그 흥겨운 말씀

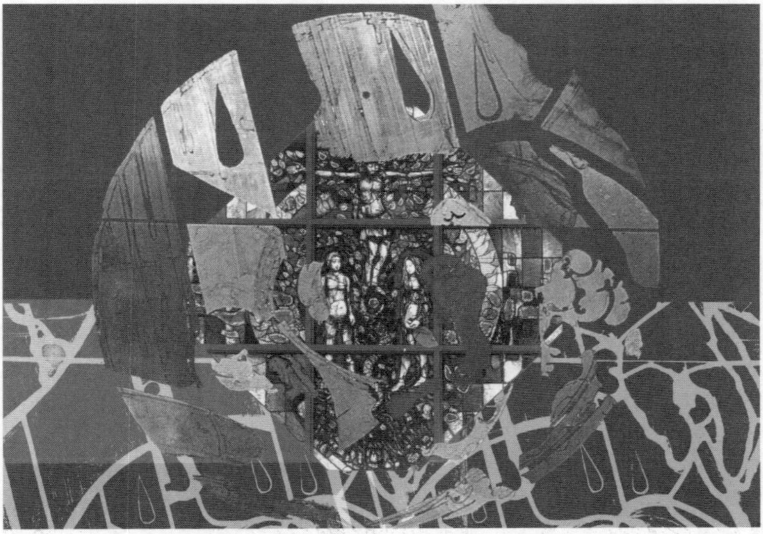

창세기

그 흥겨운 말씀

유행열

한들출판사

머리말

창세기는 구약성서의 처음 책이자 성서의 서두라고 할 수 있다. 처음 시작은 그만큼 중요한 것이다. 창세기의 중요성은 굳이 여기서 말하지 않아도 누구나 다 아는 사실이다. 창세기는 읽는 이로 하여금 많은 흥미와 관심을 일으키지만 동시에 여러 질문을 가지게 한다. 필자는 창세기의 여러 난제들을 여기저기 접하며 어떻게 믿음으로 애독할 수 있을까에 많은 생각을 하게 되었다.

그러나 이는 처음 기대와는 달리 그렇게 쉬운 문제가 아니라는 것을 더욱 깨닫게 되었고 이로써 새로운 이해를 위한 자극으로 다가왔다. 지금까지 창세기에 관한 주석서나 연구서들이 많이 나왔지만 필자는 이러한 연구 결과를 토대로 좀더 우리의 신앙과 삶의 누리에 보다 긴밀한 관계를 고려하여 본문들을 이해하려고 했다는 점이 기존의 지평에서 좀 다르다면 다를 것이다.

21세기 동양 그리고 한국이라는 특정의 환경에서 가지는 성서의 관점은 보편적 이해와 함께 또 다른 것일 수밖에 없음은 새삼스런 이야기가 아니다. 필자는 우리가 가진 풍요로운 정서를 창세기와 교감하면서 울어나오는 새로운 맛은 창세기가 살아서 우리 생활의 현장으로 옮겨온 느낌까지 들었다. 평이하고 좀더 쉽게 접근하려고 애를 썼지만 미천한 능력에 기인하여 부끄러운 모습으로 나온 것 같아 결국 남는 것은 송구한 마음뿐이다.

앞으로 이런 경험을 토대로 좀더 심화된 단계의 결과물로 나아가는 징검다리로 받아 주셨으면 하며 해량의 관용을 삼가 바랄 뿐이다. 아울러 지극히 작은 이 묶음이 창세기를 대하는 분들에게 조금이나마 도움이 된다면 더이상 바랄 것이 없다.

성서를 생명의 말씀으로 받아 신앙의 여정을 나선 우리에게 성령의 역사가 늘 함께 하시길 원한다. 성령의 내적 조명이야말로 사람들의 온갖 애씀을 훨씬 뛰어넘는 밝음을 이루기 때문이다.

주님께 모든 감사를 드리며.

2008년 새학기에
청유산방(淸遊山房)에서 유행열 씀

차례

차례

차례

창세기란 무엇인가?

I. 오경 안의 창세기

구약성서의 처음 다섯 권의 책을 오경이라 함은 모두 아는 사실이다. 이 '오경' 이라는 말은 다섯 권으로 이루어진 편집물이라는 뜻이다(헬라스어, '펜테: 다섯, 튜코스: 제본' 의 합성어). 성서는 두루마리 형태로 연결된 문헌이었는데 후대에 이것이 적절한 분량으로 나누어 지게 되었다. 즉 원래부터 이렇게 이 다섯 권의 책으로 분리되었던 것이 아니라 '토라' 라는 한 질의 책 속에 있던 것이 적절하게 다섯 두루마리로 나뉘게 되었고 각각의 이름이 후대에 붙게 된 것이다.

그 첫 번째의 책이 창세기로 히브리어 성서에서는 '베레시트' (Bereschit)라고 하여 첫 문장에서 따온 말로 '태초에', 혹은 '한 처음에' 라는 의미의 이름이 곧 창세기를 말한다. 헬라스어 번역본과 라틴어 번역본에는 '게네시스' (Genesis)라는 이름이 붙어 생성, 근원을 뜻한다. 우리말 성서에서의 창세기는 이 후자의 전통을 따라서 이루어진 명칭이다.

창세기는 크게 두 부분으로 나누어 볼 수 있다. 첫째 부분에서는 7일 간에 이루어지는 하나님의 창조 이야기로 세계와 인간의 창조이다. 이를 원역사(독, Die Urgeschichte)라고 한다. 원역사에도 인간이 등장하지만 이는 이스라엘이라고 하는 한 민족이 아니라 세계 모든 민족의 시조를 다루는 점에서 구분되어진다. 두 번째 부분은 족장사(독, Die Vaetergeschichte)라고 한다. 이 두 번째 부분에서 이스라엘 백성의 시작과 조상의 이야기를 다루고 있다. 세계 창조에서 보여주는 것은 장엄한 하나님의 창조의 모습을 볼 수 있다. 이스라엘의 조상인 아브라함의 부르심과 그를 통해서 약속의 백성이 크게 번성해 가는 모습을 볼 수 있다. 세계 창조나 한 민족의 탄생이나 다같이 창조의 놀라운 역사를 보게 된다.

창세기의 구조:

1:1-11:26: 원역사
11:27-32: 원역사에서 족장사로 넘어가는 가교적 본문
12-50: 족장사
- 12-25: 아브라함
- 25-36: (이삭)-야곱/에서-야곱/라반
- 37-50: 요셉

II. 원역사(창 1-11장)

이 창세기 처음 11개의 장에서는 인류와 세계의 창조를 취급하면서 이스라엘이라는 한 민족을 전망하며 시작하고 있다. 한 작은 백

성의 역사가 앞으로 전 인류의 역사에 미칠 큰 의미를 생각하게 한다. 하나님의 구원 역사는 구체적으로 출애굽이라는 사건에서 극명하게 보여주고 있다. 이를 중심으로 이스라엘은 역사적으로 신앙고백을 하고 이런 인류와 세계의 관계가 이루어짐을 볼 수 있다. 원역사도 그러한 관점에서 구원의 핵심을 둘러싼 구원사 서두라고 해야 할 것이다. 원역사는 모든 민족의 시작이며 큰 틀 안에서 이스라엘이 어떤 계통으로 나오고 퍼지게 되었는지를 보여준다.

그런데 처음 열한 장에서 볼 수 있는 것은 하나의 통일된 체계적 역사가 아니라 특색이 다른 두 가지 서술이 있다는 점이다. 세심하게 읽다보면 2장 4절 이하가 앞부분에서 다루었던 것을 다른 형식과 순서로 취급하고 있음을 보게 된다. 창조의 순서와 묘사가 좀 달라진 것을 볼 수 있다. 아울러 중복되는 것이 있고 상충되는 부분이 있어 당황하게 하기도 한다. 이런 부분은 성서학계에서 일찍부터 논란이 되어 여러 가지 이론이 들고 났다. 이 문제는 좀 더 성서학적 연구를 통해서 풀어가야 할 것이다. 원역사에서 드러나는 이러한 다른 모습은 각각 특정한 역사적 자리가 있음을 인정하고 원역사가 일반적 진리의 형식을 전하기보다는 각각 자기 시대의 사람들에게 알맞게 증언한 것으로 보아야 한다.

고대 세계에서 갖고 있는 세계관이란 오늘 우리의 그것과는 다른 것으로 지적 수준이 다른 차원을 감안해서 이해해야 할 것이다. 시대를 초월해서 영속되는 신앙의 증언은 시대적으로 제약되는 표현 양식에 의해서 폄하될 수 없는 것이다. 원역사에서 처음 사람들이 큰 복을 받고 하나님 앞에 살아 가면서도 다시 타락하는 모습으로 바뀌곤 한다. 사람은 그 자신에게 위험한 존재로 서 있음을 보게 된다. 이러한 위험스런 인간을 외면하지 않고 하나님은 바른 길로 들어 서게 하시는 구원의 자비로 함께 하심을 볼 수 있다.

원역사는 롤러코스터(Roller coaster) 현상을 반복해서 보여주고 있다고 할 수 있다. 구원과 타락의 연속이 하나님과 인간 사이에서 이루어지고 있기 때문이다. 그러나 사랑하는 아버지로써 인간에게 계속적인 호의를 보이심은 하나님의 구원 의지가 얼마나 큰 것인지를 단적으로 보여 준다.

III. 족장사(창 12-50장)

이스라엘 민족의 시원에 해당하는 조상의 이야기는 창세기 12장에서 시작되고 있다. 곧 이스라엘 민족 역사의 서론인 셈이다. 사가들 가운데는 이 조상시대를 이스라엘의 역사의 시작으로 보는 것을 무리라고 하는 사람도 있다.[1] 하나님은 양강 지역의 한 인물을 불러 명하시고 약속하신다. 그는 험한 길을 나서 온갖 고초를 겪으면서 하나님을 체험한다. 하나님은 그를 선택하여 한 백성을 태어나게 함으로써 두 번째 창조하는 셈이다. 조상의 이야기는 아브라함(12-25장), 야곱의 이야기(25-36장), 요셉의 이야기(37-50장)의 세 부분으로 이루어진다. 족장사에 나오는 이야기는 이 세 인물을 중심으로 전개되고 있다.

특이한 점은 아브라함의 아들인 이삭을 적게 언급하고 있는 것이다. 족장사의 중요 인물이기는 하지만 이삭은 성서 기자의 관심에서 일정한 거리가 있다. 따라서 족장사의 주요 족장은 앞의 세 사람으로 대표된다. 아브라함으로부터 시작하여 그 후손들이 겪는 숱한 역경으로 단련되고 마침내 약속의 땅 가나안에 입주한다. 하나님이 이 조상들에게 그 후손들이 큰 민족이 될 것이며 그들 자신의 땅을 소

---

1) 마르틴 노트. 이스라엘 역사. 박문재 옮김. 크리스챤다이제스트. 15 이하 참조. 노트는 이스라엘 역사의 시작은 팔레스틴에 정주한 열두 지파들의 연합에서 시작한다고 역설한다.

유하게 되리라는 약속을 한다. 이로써 이스라엘 후손들은 늘 새롭게 이야기해 왔고 이를 자신들의 뿌리로 기억하며 하나님의 약속을 확신하는 주제로 삼았다.

이스라엘은 가나안 땅을 차지하였으나 아직 하나님의 약속이 충족된 것은 아니었다. 그들은 현실의 삶에서 어려움에 부딛칠 때마다 선조들이 믿음의 시험을 당할 때 살아가는 모습을 회고하며 격려와 용기를 얻는다. 아브라함은 하나님의 약속을 믿고 이를 성취하는 지혜가 무엇인지를 기다림이라는 것을 통해 실증하고 있다. 그는 상상하기 어려울 정도로 늦게 얻은 약속의 후손을 통해 하나님을 더욱 실감하고 또 그 아들을 바치라는 명령을 이행함으로 인간으로서는 가기 힘든 순종의 길을 극대화 한다. 그는 약속을 믿고 따랐지만 희망과 좌절, 믿음과 의심 사이의 끊임없는 긴장 속에서도 흩어짐이 없는 모습을 보여 준다.

야곱의 이야기는 더욱 큰 시험의 함정에 빠진다. 그는 약속의 자녀임에도 현실의 욕망에서 결코 소외됨을 허락하지 않는다. 불의한 방법이라 해도 과감한 행동으로 자신의 목적을 이루고야 만다. 이에 대한 하나님은 어떻게 그를 대하는가? 예측과는 달리 하나님은 그 구원의 의지가 사람의 속임수에 의해서도 좌절되지 않음을 보여 주신다. 그러나 하나님이 이를 온당한 처사로 받아들이는 것은 아니다. 야곱은 그 생애를 통해 보여준 여러 가지 교활한 처사로 말미암아 그 대가를 톡톡히 치루지 않으면 안 되었다. 하나님은 택한 사람에게 인간적 허물이 있을 때에도 지켜보시며 약속을 지키시고 큰 틀에서 구원의 의지로 감싸 주신다. 물론 그 허물과 잘못은 상응의 대가를 치루지 않고 지나지 않는다.

요셉의 이야기는 족장들이 유랑하다가 정착하게 되는 그 땅에서 있었던 일과 애굽에서 겪었던 민족 역사와 연결하는 역할을 보여 준다. 즉 이 이야기는 족장들이 어떻게 애굽으로 내려갔는가에 대한 대답을 하고 있다. 이는 창세기에 있는 여러 이야기 가운데 참으로 실감나게 하는 이야기의 하나이다. 한 가정 안에서 일어난 형제간의 다툼에 관한 이야기로 시작한다. 그리고 이 분쟁의 결과가 어떤 결과로 나아가는지를 길게 언급하며 연로한 아버지의 참담한 애가에서 그 절정을 이룬다.

애굽에서는 요셉이 바로의 고위직에 이름을 말하고 있다. 그리고 그 형제들이 기근 때문에 애굽에 들어오지 않을 수 없음을 묘사한다. 결국 극적으로 요셉과 그 형제들이 만나서 화해하는 모습으로 극점을 이루고 있다.

창조의 기쁨

(창세기 1장)

이스라엘을 구속하신 하나님은 어떠한 하나님이신가? 구원하시고 역사의 모든 구석을 간섭하시는 하나님은 태초에 우주 만물을 하나하나 창조하신 분이시다. 창조를 생각하면 살아 있는 모든 존재는 감사가 넘친다. 살아서 보고 느끼고 즐긴다는 것은 얼마나 큰 축복인가? 사람이 조금만 몸이 아파도 건강함의 복이 얼마나 큰가를 새삼 느끼는데 나에게 생명이 주어졌다는 것은 얼마나 큰 복인지 알 수 없다.

1절의 말씀은 고대 이스라엘 신앙인이나 오늘 우리 믿는 사람들의 신앙고백의 큰 명제의 하나이다. 창세기라는 제목이 여기에서 유래했지만 우리가 보고 아는 모든 만물이 알 수 없는 현상으로 생겨나지 않고 전능하신 하나님의 말씀으로 창조되었다. 창세기 저자는 오늘의 과학적인 수준에 맞추어 설명하고 있지 않지만 그 설명에는 참으로 많은 뜻을 내포하고 있다. 과학으로 덤비다간 넘어지기 쉬운 암초가 적지 않다. 근원적 진리가 평범한 합리로 풀어진다면 유한한 인간이 하는 과학만도 못한 저급한 논리에 불과하다 할 것이다.

하나님의 창조의 전개는 이렇게 이루어진다. 아주 오랜 그 어느 시점에는 "땅이 혼돈하고 공허하며 흑암이 깊음 위에 있고…"(2절)라고 한다. 창조와 반대되는 구원의 손길이 없었던 텅빈 때이다. 오직 하나님의 신만이 무엇을 구상할 수 있는 무(無)의 시점이다. 바로 이러한 허망한 시점에 하나님께서 처음으로 창조의 닻을 내린다.

맨처음 순서로 빛을 지으신다. "빛이 있으라." 오늘처럼 광명한 시대를 사는 사람들은 빛의 감사함을 제대로 알기 어려우리라 생각한다. 앞을 보지 못하던 심봉사가 눈을 뜨는 대목의 심청전의 노래는 노래라기보다는 한마디로 춤이다. 심청전의 눈먼 자들의 눈뜨는 대목은 전체의 압권이 아닐 수 없다. 눈을 뜨고 난 봉사들이 좋아서 난리를 치는 것을 보면 빛을 잃었던 사람들의 기쁨이 무엇임을 잘 보여 준다.

무대는 빛과 함께 등장한다. 컴컴함은 한마디로 무의 세계이다. 불을 밝혀서 이런저런 일들이 시작되는 것을 보면 빛이야말로 모든 존재들의 삶의 시작이다. 하나님은 먼저 세계에 등불을 밝히시는 셈이다. 어둡고 컴컴한 때를 물리치시고 새로운 날을 시작하시는 것이다. 환한 무대를 보시고 보시기에 좋았다고 한다. 첫 날의 모습이다.

이른바 원시의 바다라 할 물 가운데 궁창을 두시고 물과 물로 나누신다. 마치도 물 위에 돔구장을 띄워 물이 돔 위에도 있고 돔 아래도 물로 차서 마치 잠수함처럼 된 상태이다. 윗물, 아랫물이 모두가 푸르게 있다가 비가 오면 위 아래에서 동시에 터지고 만다. 고대 동방인의 세계관을 반영하고 있다. 하늘이 푸른 것은 그 윗물 때문인 것이다. 둘째 날의 모습이었다.

그리고 물을 한 군데로 모아 육지를 만드시는 모습이 다음에 이어진다. 땅에 온갖 채소를 내고 과실수를 만드신다. 마치 미술시간에 아이들이 화면을 채워가는 순서를 연상케 한다. 셋째 날의 모습이었다. 이어서 광명으로 주야를 나뉘게 하시며 사철 등 여러 때를 구획

하신다. 특별히 "두 큰 광명"을 두어 낮과 밤을 주관토록 하신다. 해와 달은 고대 중동지방에서는 숭배의 대상으로 신적인 것이었음에도 성서는 여지없이 하나님의 피조물로 적절하게 배치되는 것을 보여준다. 넷째 날의 모습이었다.

다음 하나님의 창조는 어디로 가고 있는가? 물의 물고기, 육지의 짐승, 그리고 공중을 누비는 새들을 그 종류대로 창조하신다. 그리고 그들에게는 나름대로 일정한 권한을 주어 생육하고 번성하라는 위양(委讓)이 있다. 이것이 다섯째 날의 모습이었다. 그 모든 종류들이 하나님의 뜻대로 질서정연하게 창조된 것을 보시고 좋아 하시는 모습이다.

이러한 모든 창조는 마침내 어디로 가고 있는가? 창조의 꼭지점은 하나님의 형상을 따른 인간 창조에 도달하는 것을 본다. 26절은 "하나님이 가라사대 우리의 형상을 따라 우리의 모양대로 우리가 사람을 만들고…"라고 한다. 다른 모든 것들의 창조에는 무엇을 따랐다는 말이 없는데 오직 사람만 그러한 말을 덧붙였을까? 사람이 비록 피조물이지만 다른 피조물과는 질적인 차이가 있음을 암시한다.

여러가지 가능한 해석들이 있겠으나 인간은 하나님 앞에서 긴밀하게 대화를 나누는 상대임을 보여준다. 우리는 다른 피조물과는 달리 자유를 가지며 책임 또한 가지는 인격적 존재이다. 하나님이 우리 앞에서 말을 거시며 우리는 여기에 응답하는 특별한 친밀성이야말로 하나님의 형상이라는 특별 대우의 참다운 의미일 것이다. 하나님의 온전한 형상은 지상에 오신 예수 그리스도이시지만 그 주님으로 말미암아 우리는 마침내 하나님을 "아바 아버지"라고 친히 부르게 된 것이 아닌가? 세상의 어떤 피조물이 하나님을 아버지라고 하는 특별한 은혜를 받았는가? 하나님을 아버지로 알고 부르는 자는 은혜 중에도 특별한 은혜를 받은 자임을 바르게 알아야 한다. 값싼 부름이 결코 아니다. 부름을 통해서 더욱 아버지께 나아가야 한다.

인간은 이처럼 특별한 창조를 받고 또한 복을 받는다. 생육하고 번성하며 땅에 충만하며 모든 생물을 다스리라는 권한을 부여 받는다. 종이 아니라 아들이 일정한 권한을 갖고 집안 일을 돕는 것처럼 우리는 이처럼 하나님의 과분한 대접을 받았다. 그럼에도 이것이 한없는 권리라고 생각하며 아버지의 참된 뜻을 외면하고 횡포를 부리는 인간 모습이 되어서는 안 될 일이다. 동물도 하나님의 피조물로 일정한 복이 있다면 동물을 대하는 태도가 무엇이고 자연도 어떻게 대함이 하나님의 뜻인지를 깊이 생각해야 한다. 평화와 조화를 될 수만 있으면 이루어야 하며 공존하는 지혜를 말씀을 통해서 얻어야 한다.

이러한 모습은 당초에 우리에게 주신 하나님의 식물로 잘 보여준다. 채소와 씨와 열매 등은 식물성이 우리의 주된 식물이다. 이는 우리만이 아니라 모든 짐승과 새들, 그리고 땅에 기는 모든 생물의 먹이도 된다. 나중에 생물까지 식물로 주어지지만 처음 하나님의 뜻이 식물이었다면 이를 벗어나는 경우 조심해야 한다. 질서의 하나님, 평화의 하나님, 공존의 하나님을 생각하면서 하나님의 영광을 위해서 먹든지 살든지 해야 한다.

한평생을 살아가면서 어떻게 사느냐는 것은 중요하다. 심히 좋아하신 하나님의 기분을 내가 깨는 일은 없는지도 오늘 하루날에도 살필 일이다. 주님은 평화를 위해 일하는 자는 복이 있다고 하신다. 무엇이 평화인가를 생각하며 나를 둘러싼 그 모든 존재와 평화 한다면 얼마나 좋은가? 평화가 있기를….

아담의 감격

(창세기 2장)

흔히 대역사를 마친 사람들은 일정 기간을 휴식기로 보낸다. 이것은 그간의 힘든 육신을 휴식으로 풀고 새로운 충전을 위해서 그럴 것이다. 우리는 창세기 2장에 들어오면 창세기 1장에 있는 여러 가지 창조역사를 마치신 하나님께서 안식에 드는 것을 보게 된다. 마치 위대한 역사를 마친 인간처럼 하나님의 안식은 적절하고도 아름답게 보인다.

천지와 만물이 모두 이루어졌다니 얼마나 큰 일을 하셨는가? 하나님은 그날을 "복되게 하사 거룩하게 하셨으니"(3절 상)라고 하여 단순히 쉬는 사람들의 모습과는 다르다. 일곱째 날의 의미는 노는 날이 아니라 모든 창조의 목표점으로 '완성의 날' 인 것이다. 따라서 이 '완성' 과 '안식' 은 별도의 독립된 하나의 일로 보아야 한다. 하나님은 이 안식을 축복하시고 거룩하게 하셨다. 세상의 삶을 열심으로 살아가던 사람들이 이 날에 일에서 쉼과 예배를 통해서 거룩하게 지냄으로 하나님이 특별한 복을 내리시기로 하셨다. 그래서 일을 멈추고 복을 기다리는 날이 안식의 날이 아닌가?

나머지의 날이 아니라 거룩한 날로서 복을 받는 중요한 날이 이 날이다. 이 날은 하나님을 섬기고 예배하는 일만을 위해서 세워진 날이다. 참으로 거룩한 백성에게는 정성으로 맞이해야 할 '날 중의 날'이 바로 이 날이다.

창세기 2장은 에덴동산의 일을 전해주고 있다. 창조의 이야기가 다시 언급되는 점이 당황스럽지만 다른 관점으로 전개하고 있음을 본다. 2장의 주된 관점은 인간 창조이다. 그래서 어떤 사람은 '1장의 인간이 피라미드의 꼭대기라면 2장의 인간은 한 원(圓)의 중심이다'라고 했다. "여호와 하나님이 땅의 흙으로 사람을 지으시고 생기를 그 코에 불어넣으시니 사람이 생령이 되니라"(7절)고 하여 티끌처럼 덧없는 것으로부터 만들어진 인간이 결국은 그리로 돌아감을 암시하며 하나님의 생명력이 거기에 들어감으로 비로소 인격화, 개별화가 된다. 물질과 숨이 어우러져서 비로소 인간을 산 존재로 만들었다. 숨 떨어지면 바로 티끌이다.

사람을 위하여 하나님은 다음 일에 임하신다. 비록 확인할 수 없지만 동방에 에덴동산을 만드시고 지으신 사람을 거기에 두신다. 동산을 살펴보면 각종 실과나무가 풍성해 사람이 살기에 더없이 좋았다. 그런데 거기에 생명나무와 선악을 아는 나무를 두었고 강이 촉촉히 흘러 적시며 에덴 밖으로는 네 줄기로 여분의 샘처럼 흘러 갔다. 에덴 밖에서도 에덴의 혜택을 나머지로 받아 누리는 것이다. 에덴은 밖에서 볼 때에 참으로 부러운 곳이다. 지금 메마른 사막과 다름없는 이스라엘 사람들에게는 더욱이 갈망하는 이상향이 아닐 수 없다.

사막인에게 강이란 생명을 가져다 주는 복의 근원과 같다. 온갖 먹을 거리가 거기로부터 나오는 것이다. 네 강 이름 가운데 둘은 알 수 있으나 나머지 둘은 자세하지 않은 강들이지만 모두가 금과 보석이 있는 귀한 강물이다. 특별히 네 강을 말함으로서 사방을 지칭하여 모든 땅을 상징한다고 볼 수 있다. 참으로 적절하고도 아름다운 환경이 아닐 수 없다. 당초의 인간이 들어선 땅의 모습은 이처럼 조금도 부족한 것이란 없는 풍요롭고도 아름다운 땅이었다. 바로 사람이 이러한 복된 땅에 하나님의 은혜로 들어가게 된다.

하나님은 인간을 그곳으로 인도하여 다음과 같은 임무를 주신다. "경작하며 지키게 하시고"(15절 하)라고 하였다. 에덴동산은 노는 사람들의 유람하는 곳이 아니다. 맡은 일거리가 있다. 인간이 동산을 돌보도록 함으로 봉사의 부름을 받았으며 동산이 그의 소유가 아닌 책임적 존재로 세워진다. 결코 방종으로 나아갈 권한이란 그에게 적합하지 않다. 하나님은 아울러 다음과 같이 또한 당부하신다. "동산 각종 나무의 열매는 네가 임의로 먹되 선악을 알게 하는 나무의 열매는 먹지 말라 네가 먹는 날에는 반드시 죽으리라"(16절 하-17절).

하나님은 결코 금지 위주로 명령을 하시지 않는다. 많은 자유를 주시되 하지 말아야 할 것이 분명 있음을 또한 전하신다. 하나님은 아버지처럼 넓고 넓은 자유를 주시지만 단 하나의 금령을 주심으로 피조물의 한계를 또한 각성하게 하신다. 인간이 결코 창조주 하나님과 같은 자리에 오를 수 없는 것이다. 인간이 그것을 먹으려 한다면 하나님의 전지하심을 누리려는 지나친 욕심이다. 인간이 쾌락을 누리는 극락으로 에덴을 보아서는 곤란하다. 하나님이 허락하신 그 큰 자유를 보면 얼마나 크고 놀라운 것인가?

하나님은 인간이 한정된 지식을 가지고 온갖 위험한 일들을 저지르는 위험을 막아 주신다. 이러한 것은 하나님과 인간 사이에 참다운 교제를 통해서 부단히 이루어진다. 하나님을 떠나서는 불안하고 위험한 지경에 이르는 인간 한계를 스스로 거추장스러운 것으로 여긴다면 이는 하나님의 은혜에 대한 배은망덕이다.

하나님은 이제 인간이 독처하는 것이 좋지 않다고 생각하시어 또 다른 배려를 하신다. 각종 짐승과 새를 지으시고 아담에게 이름을 짓도록 하신다. 아담은 그럼에도 쓸쓸하게 보였던 모양이다. 그래서 배필을 만들기로 작정하신다. 아담을 잠들게 하시고 그 갈빗대 하나를 취하여 여자를 만드신다. 갈빗대의 문제는 여자의 남자에 대한 예속성이나 열등함을 나타내는 상징이 아니다. 서로를 위하도록 창조된 둘이 서로에게 속한 긴밀성을 보여준다. 그래서 마침내 둘이 한 몸이 된다는 것으로 전인적 영육간의 사귐을 뜻한다.

하나님은 아담을 잠들게 하시고 가장 중대한 일을 이루신다. "깊은 잠"에 빠진 인간은 그토록 중대한 일이 일어나도록 아무것도 모르게 일이 진행된다. 기적을 이루시는 하나님을 인간은 볼 수 없다. 다만 하나님이 항상 이루신 결과를 두고서 경탄해 마지 않는다. 아담은 "이는 내 뼈 중의 뼈요 살 중의 살이라 이것을 남자에게서 취하였음즉 여자라 부르리라"(23절)고 찬탄한다. 베스터만은 이를 두고서 매우 운율적이라고 하였다.

아담은 여자가 생김으로 그 기쁨을 말로는 이루 형용하지 못하는 듯이 환상적인 용어를 써가며 찬탄해 마지 않는다. 뼈 가운데서도 뼈이며, 살 가운데서 살이면 '나는 없고 너만 있는' 그토록 소중한 너로 여자를 받아 들인다. 사랑은 이토록 강하고 좋은지 모른다. 오죽하면 아가의 노래는 죽음에 비유했을까? "사랑은 죽음처럼 강한 것!" 정말 이 말을 믿어도 되는 것인지? 아니면 정념을 이기지 못한 한 인간의 불안한 일시적 감정인지는 세월이 검증할 것이다.

그러나 사랑은 하나님이 주신 것으로 남여 간에 한 생을 살아가면서 소중히 가꾸어야 할 삶의 활력소이다.

죄로 얼룩진 세상

(창세기 3장)

세상은 예나 지금이나 왜 이처럼 혼란하고 어려운 일들로 가득할까? 잘 사는 사람도 있지만 대부분의 사람들이 고난을 겪으면서 힘겨운 나날을 살아야만 하는가? 세상의 어두운 모습만을 보고 말하는 것은 아니다. 나의 삶이 참으로 편안하다고 느끼면서 한 평생을 사는 사람은 그리 흔하지 않은 것이 오늘의 형편이다. 인간 세상의 온갖 굴레와 갈등은 어디에 문제가 있는 것인가? 창세기 3장은 이러한 문제를 좀더 근원적으로 대답하는 내용으로 우리에게 다가온다. 당초 하나님께서 인간에게 허락하신 낙원의 모습은 어디로 사라지고 수없는 인간은 아직도 힘겨운 삶을 살아야 하는가?

3장에 들어서면 먼저 뱀이 등장한다. 뱀은 소개되기를 가장 간교한 짐승이라는 이름이다. 그러나 그 이름이 곧 악마나 사탄의 상징은 아니다. 뱀의 속성이 영리함으로 말미암아 이러한 칭호를 받았을 것이다. 뱀의 역할이 유혹이라는 것이었으나 이야기의 중심은 그에 있지 않다. 아마 죄의 책임을 인간에게 돌리지 않으려는 저자의 의도로 보이지만 어쨌든 문제는 인간의 죄책이다. 악이 어디에서 왔는가는 말하지 않는다. 그래서 우리는 뱀에게 눈을 돌리기보다는 뱀의 말에 눈을 돌려야 한다. 뱀은 교묘하게 호기심을 일으키는 질문을 여자에게 던지고 있다.

1절 하반절에서 "하나님이 참으로 너희에게 동산 모든 나무의 열매를 먹지 말라 하시더냐"라는 말이다. 이 말의 함정을 눈치채지 못한 여자는 순진하게 대답한다. 뱀은 잘 알면서도 금지된 나무가 모든 나무냐고 물어서 여자로 하여금 하나님을 변호하게 한다. 이것은 여자로 하여금 안심하게 하는 고도의 수법이 아닌가? 왜곡된 질문으로 적극적으로 나서서 바른 처신을 하게 한 것이다. 그러나 여기에 여자의 방심이 찾아왔다. 뱀의 질문을 적극적으로 바로잡아 주면서 그는 흥분해서 사실 이상을 덧붙이고 말았다. 하나님은 한 나무에 대해서 먹지 말라고 했지만 그 나무를 만지지도 말라고는 하지 않았다.

이것은 작은 것에 불과하지 않고 자신의 헛점이 있음을 뱀에게 보여주고 있다. 이때를 놓치지 않고 뱀은 "결코 죽지 아니하리라"(4절)고 확신있게 말한다. 부연해서 그것을 먹음으로 하나님 같이 선악을 안다고 호기심을 자극하고 있다. 뱀은 하나님의 선하신 명령을 못된 것으로 만들고 호기심을 충동질하고 있다. 여자는 이 사실을 분명하게 눈치채고 물리쳤어야 했다.

그러나 여자는 보고 상상한 것이 더는 빠져 나올 수 없는 함정으로 들어가고 말았다. "…본즉 먹음직도 하고 보암직도 하고 지혜롭게 할 만큼 탐스럽기도 한 나무인지라…"(6절)는 오늘의 수없는 하나님을 무시하고 행하는 인간의 무리한 일들의 씨앗과 같다. 앎의 능력을 한껏 발휘하여 모자람 없이 살려는 인간의 노력은 교만의 자리를 차지하게 되었다. 물론 지능의 발전으로 긍정적인 결과가 많이 있었지만 그와 함께 겉잡을 수 없는 무신론이 인간의 마음을 사로잡게 된 것이다. 그 단적인 예의 하나가 생명복제라는 것이며 가

공할 생명 살상무기의 출현이다.

이렇게 함으로써 인간은 하나님이 보살펴 주시는 팔을 벗어나고 만 것이다. 금령은 좋은 것이고 안전한 것이었는데 이를 박찬 결과는 인간에게 이제 커다란 짐일 수밖에 없다. 하나님으로부터 인간의 분리는 걷잡을 수 없는 교만이고, 이 교만은 결국 파국에 직면하도록 하는 것이다. 슈퍼 인간에게 무한한 유토피아가 있을 것 같지만 앞에서 말한 갈등과 고난과 힘겨운 삶 밖에는 좋은 것이라곤 없다.

《논어》에 보면 "안회는 그 마음이 3개월 동안 인을 떠나지 않았고, 그 나머지 사람들은 하루나 한 달에 한 번 인에 이를 뿐이다"(回也 其心三月不違仁. 其餘則日月至焉而已矣)라고 하였다. 안회는 그 마음이 사랑에서 변치 않고 오래 한다고 공자에게서 칭찬을 받는 말이다. 그는 어긋지는 법이 없을 정도로 안정된 사람이었다. 불위(不違)라는 말이 진리를 향한 인간 심성으로 얼마나 좋은 말인지 모른다. 어기지 말아야 한다. 말씀을 듣고 그에 어긋나지 않게 삼가하며 사는 것은 복의 근원이다.

우리도 하나님의 선하신 말씀에 어긋지는 날이 없도록 안정된 사람이 되어야 하지 않겠는가? 처음 여자는 그 자제심을 잃고 남편까지 끌어들이고 있다. 동산의 가정에 위기가 찾아왔다.

부부는 그들의 잘못을 알고 하나님의 낯을 피하여 숨었으나 피할 수 없었다. 아담은 하나님으로부터 추궁당하자 다음과 같이 비겁한 모습을 보인다. "아담이 이르되 하나님이 주셔서 나와 함께 있게 하신 여자 그가 그 나무 열매를 내게 주므로 내가 먹었나이다"(12절). 하나님이 주신 여자라는 표현은 그 죄의 원인이 하나님께 있다는 식으로 하나님을 비난하고 있다. 또한 그 죄에서 자신을 제외함으로 여자를 배신하고 있다. 아담은 이전에 나의 "뼈중의 뼈요 살중의 살" 이란 말의 책임 있는 사람이었어야 한다. 말에 책임이 없으면 인간 신뢰는 보잘 것이 없는 법이다. 여자가 어려운 일을 당하니까 언제 그런 말을 했느냐는 식으로 '내 아내'란 말도 하지 않고 "당신이 나에게 준 여자"라고 하여 자신의 발을 멀찍이 빼는 의도가 역력하다. 그래서 남자도 여자도 죄를 인정하고 용서를 구하지 않고 남의 탓으로 하는 파렴치한 모습만 보인다.

우리는 정치인들이 뇌물을 받고 솔직하게 시인하며 용서를 구하는 사람을 본적이 없다. 이러한 사람들에게 주어지는 것은 무엇이겠는가? 죄의 대가이다. 뱀은 저주를 받아 배로 다니며 흙을 먹고 살아야 한다. 14절 이하는 이른바 원인론이 전개된다. 뱀은 여자와 원수가 되어 후손에게 밟히고 또 발꿈치가 상하는 일이 있을 것이며, 여자는 임신하는 고통에 남편을 원하고 남편의 다스림을 받아야 한다는 것이다. 아담에게는 "땅은 너로 말미암아 저주를 받고 너는 네 평생에 수고하여야 그 소산을 먹으리라"(17절 하)고 하였다. 여자나 남자나 할 것없이 각자 짊어진 짐이 무거운 것이다. 이것들이 모두 그 죄의 결과이다.

19절까지는 슬프고 어두운 인간 삶의 모습을 그려주고 있다. 땀 흘리고 노동하며 저주받은 땅과 고투를 벌여야 하며 마침내 티끌로 돌아가야 하고, 여자는 비탄 속에서 웅크리고 눈물로 지새며 고난과 갈등을 맛 보아야 한다. 그러나 하나님은 이러한 개체의 죽음 가운데도 생명을 이어 가도록 여자를 모든 산 자의 어미가 되게 하였다. 그러나 결국 아담과 하와는 아쉽게도 그들의 지식을 통해 생명나무의 열매를 먹고 영생할까 하여 하나님께서 그들을 낙원에서 내보낸다.

앞에서 우리는 인간의 온갖 고난과 갈등, 그리고 혼란의 문제가 인류가 사는 세상의 문제라고 했다. 우리는 이러한 삶의 고통을 보면서 어떻게 구원을 받아야 하는가? 아담은 이처럼 죄로 말미암아 힘든 세상을 자초하였다. 이를 해결하는 길이 오직 하나님의 사랑으로 오신 새 아담 예수 그리스도의 구세주에 있다. 인간의 모든 문제는 인간 스스로의 힘으로 해결할 수 없다. 죄의 해결자는 오직 예수 그리스도이다. 인간이 짊어진 죄의 무거운 굴레를 벗는 길은 오직 십자가의 예수 앞에 나아가 의지하는 길 밖에 아무것도 없다.

사랑이 없이는

(창세기 4장)

사람은 간혹 마음을 다스리지 못해 감당하기 어려운 결과를 만들고 마는 경우가 허다하다. 마음을 다스리는 길은 진심으로 기도하며 성령님의 도움을 받도록 간구하는 것보다 좋은 방법이 어디에 있겠는가? 사람이 자기 마음을 지킨다고 하는 것도 한계가 있는 법이어서 결국은 성령의 도움이 궁극적으로 있어야 한다. 사도 바울이 쉬지 말고 기도하라고 권한 참 뜻이 무엇인지 알아야 한다.

본문의 말씀은 참으로 기억하고 싶지 않은 형제 살인 이야기이다. 사람으로서 형제간에도 이러한 일이 벌어진다면 무엇은 못하겠는가를 가늠할 수 있다. 아담 집안에 일어난 두 번째의 비극적 사건이다. 아담은 그 아내 하와와의 사이에 두 아들을 두었다. 첫째는 가인이고 둘째는 아벨이다. 그들은 각각 농사와 양을 치는 일을 하는 사람들이다. 두 아들을 두었으니 꽤나 행복한 집안이었을 것이다. 그런데 세월이 지난 후 한 때에 두 형제가 각각 하나님께 제물을 바친다. 그런데 직업이 다르기에 바치는 제물도 달랐던 것이다.

가인은 땅의 소산으로 드렸으며 아벨은 양의 첫 새끼와 그 기름으로 드렸다고 한다. 어찌된 일인지 하나님께서는 동생의 제물을 받으셨는데 형의 제물은 받지 않으신다. 가인은 어떻게 자신의 제물이 받아들여지지 않은 것을 알았을까? 자세히 알 수는 없지만 고대세계에서 제물을 관찰함으로 판단했으리라고 본다. 가인은 그의 제물이 받아들여지지 않았다는 사실에 아마 충격을 받은 모양이다. 왜 하나님은 하나는 받고 다른 하나는 받지 않으셨을까? 신약 히브리서와는 다르게 많은 학자들은 그 근거를 대지 못한다.

편애의 원인이 어디에 있는지 알 수 없다. 한마디로 이는 전적으로 하나님의 자유의지에 속한 문제이다. 논리적으로 설명할 수 없다. 출애굽기 3장 19절 하반절에 "… 나는 은혜 베풀 자에게 은혜를 베풀고 긍휼히 여길 자에게 긍휼을 베푸느니라"고 하신다. 문제는 원인에 있는 것이 아니라 하나님 앞에 있는 가인의 반응이었다. 그가 혼자서 제물을 드리고 받아들여지지 않았다 해도 과연 그러한 태도로 나왔을까? 그는 동생의 제물이 하나님으로부터 받아들여졌다는 사실에 마음이 편치 못했던 것이다. 다시말해 속 좁은 인간의 태도가 큰 문제가 아닐 수 없다. 동생을 기뻐하고 자신을 되돌아보는 넓은 마음은 어디로 갔는가?

사서(四書)에 보면 끊임없이 나오는 말의 하나가 '반구제기'(反求諸己)라는 말이다. 다시 말해 잘못이 있으면 남에게 탓하지 않고 '돌이켜 자기에게 구한다'는 말이다. 내 잘못을 남에게 돌리는 습성이 흔히 자기 발전을 가로막는 커다란 원인이다. 일일 삼성(三省)하는 것도 그러한 정신에서 하는 것이다. 하루를 살아도 수없이 자신을 살펴서 허물을 고쳐 나가면 군자의 모습이 멀지 않다는 것이다.

가인은 어쨌든 지금 받아들여지지 않은 제물로 분노할 것이 아니라 자신을 살펴서 다음 번에는 잘 바치겠다는 다짐을 했어야 했다. 그리고 아우의 열납을 기뻐해야 하나님 보시기에 좋지 않겠는가? 그는 오히려 제물을 잘 바친 동생을 해치려는 악한 마음을 품었고 마침내 그 동생을 죽였다. 우리는 누가 예수를 참 잘 믿는다고 하면 기뻐하고 박수를 쳐야 한다. 그리고 그를 본받는 정신이 있어야 믿음에 발전이 있다.

상고시대의 우임금은 '문선언즉배'(聞善言則拜)라 하여 누가 "착한 말을 하면 (그에게) 절하였다"고 한다. 착한 사람은 선을 내가 하든 남이 하든 간에 기뻐하는 사람이다. 하나님을 기쁘게 하는 일에 내가 있고 남이 있을 수 없는 것이다. 예수 잘 믿는 사람을 보면 엎드려 절이라도 해야 한다.

어쨌든 가인의 분노와 시기심은 참으로 끔찍한 결과를 가져왔다. 이 일을 어떻게 할까? 당황스런 하나님은 가인에게 "네 아우 아벨이 어디 있느냐"(9절)고 물으신다. 죄를 일깨우는 추궁이다. 어쩌면 하나님은 그가 늦게나마 죄를 뉘우치고 엎드리기를 바랐는지 모른다. 그러나 엉뚱하게도 그는 "내가 내 아우를 지키는 자니이까"라고 짜증난 대답을 하고 있다. 가인의 이 철면피한 태도는 아담과 하와가 책임 회피하는 태도보다 한 층 더 나쁜 잘못을 저지르고 있다. 인간의 죄는 이렇게 심화되고 넓게 퍼져 나가고 있다.

죄의 결과는 무엇인가? 살인자와 어머니 같은 땅은 그 관계가 파괴되고 말았다. 땅의 축복의 능력이 그에게 베풀어지지 않는다. "네 아우의 핏소리가 땅에서부터 내게 호소하느니라"(10절)고 하여 생명의 주인이신 정의의 하나님 심판을 면할 수 없었다. 저주를 받은 땅은 밭을 갈아도 그 효력이 없어 결국은 떠도는 신세가 되고 만다. 왜 사람은 어리석게 이처럼 주어진 복을 스스로 걷어차고 마는가? 스스로 불안한 삶을 끌어들이고 있다.

그는 떠도는 가운데 살인자로 죽임을 당할까봐 하나님께 호소한다. 자신의 생명이 아까운 줄 알면 남의 생명도 귀하다는 것을 왜 몰랐을까? 죄와 어리석음이 아니겠는가? 그러한 처지에서도 하나님은 그 자비하심을 거두시지 않는다. 죄지은 가인이 해를 당할까봐 그에게 표를 해 주신다. 죄는 미워도 가인의 생명은 귀하게 여기시는 하나님의 모습이다. 죄인까지도 사랑하시는 하나님의 모습이 아닐 수 없다.

가인이 간 곳은 놋이라는 땅이다. 거기서 그는 후손을 낳고 산다. 학자들 간에는 가인과 겐족과의 어떤 관계를 추측한다. 가인은 겐 사람에 대한 상징적 존재이거나 그들의 조상이 아닐까? 겐족은 일찍이 야훼를 숭배하던 사람들이었지만 약속의 땅을 상속받지 못하고 계약공동체에 들지 못한 사람들이다. 다시 말해 선택된 백성이 되지 못하고 여기저기 떠돌아 다닌 족속이다. 가인의 계보는 그가 모든 문화의 시조임을 보여준다. 그의 자손들은 각종 다양한 문화를 만들어 사는 모습으로 문화사적인 물음에 답하고 있다. 사람들은 언제 도시가 수립되었으며, 언제 이처럼 다양한 직업이 생겼는가 하는 등의 많은 문화적 질문을 여기에서 찾았을 것이다. 이른바 원인론의 대답을 보게 된다.

23-24절의 이른바 라멕의 노래를 통해서 중요한 것을 시사받는다. 라멕은 노래하기를 "아다와 씰라여 내 목소리를 들으라 라멕의 아내들이여 내 말을 들으라 나의 상처로 말미암아 내가 사람을 죽였고 나의 상함으로 말미암아 소년을 죽였도다 가인을 위하여는 벌이 칠 배일진대 라멕을 위하여는 벌이 칠십칠 배이리로다"라고 하였다. 죄가 얼마나 증대되어 가는가를 보여준다. 그래서 본래적인 삶의 토대가 무너지고 있다. 인간은 타락하고 형제를 살해하며 이제는 하나님이 하시는 복수까지도 자신이 하겠다고 나서는 모습이다. 얼마나 무자비한 복수를 하겠다고 칼을 갈고 있는가? 칠십칠 배로 복수를 한다면 인간이 얼마나 야수처럼 변해야 할까를 생각할 때 상상을 초월하는 노래이다. 가인이 한 행위를 훨씬 넘어서는 후대인의 죄악이 인간사를 뒤덮는 끔찍한 모습이다. 하나님의 권리를 빼앗아 마음대로 하려는 악한 인간의 모습을 본다.

이러한 비틀린 모습과는 달리 25, 26절은 긍정적인 모습으로 나가는 인간을 그리고 있다. 그들은 하나님께 영광을 돌리는 사람들이며, 그리고 하나님의 이름을 부르는 사람들이다. 하나님께 예배를 드리는 아름다운 모습이다.

우리는 형제간에는 물론 모든 인간관계가 사랑으로 만나야 함을 다시 확인한다. 사랑은 허다한 죄악들을 물리치고 하나님께 가까이 나아가는 지름길이다. 사랑이 없으면 온갖 죄의 세력이 우리를 지배하려 한다. 사랑하는 하나님의 백성이 되자.

족보 있는 집안

(창세기 5장)

사람들은 매사에 근원을 잘 따진다. 하물며 자신이 어디에서 근원하는가는 큰 관심이 아닐 수 없다. 그래서 어느 집안에서 태어난 것을 자랑으로 삼는 사람도 있다. 그러나 이것이 지나치면 악용될 소지가 있기에 지나치지 않토록 주의해야 한다고 본다. 근원도 좋지만 지금 나는 무엇인가를 생각해야 하기 때문이다.

창세기 5장은 아담의 족보를 주로하는 내용이다. 하나님이 사람을 하나님의 모양대로 창조하시고 그들에게 복을 주셨다고 한다. 그래서 사람은 번성해가는 일을 스스로 하고 있다. 아담은 백 삼십세나 되어 자기 형상을 가진 아들을 낳았다. 그의 이름은 셋으로 그 후에도 팔백 년을 지내면서 자녀를 낳았다고 한다. 그리고 구백삼십세를 살고 세상을 뜬다.

오늘을 사는 사람들에게 의심을 가져오는 문제가 적지 않음이 사실이다. 어떻게 백삼십이나 된 사람이 아이를 낳으며, 또 구백삼십 살을 살 수 있을까? 우리로 치면 고려시대에 태어난 사람이 지금도 우리와 함께 살아 있는 셈이다. 모두가 그런 식으로 살았다면 인구가 참 많았으리라고 추측된다. 하여간 아담은 셋을 낳고, 셋은 에노스를, 에노슨는 게난을, 게난은 마할랄렐을, 마할랄렐은 야렛을, 야렛은 에녹을, 에녹은 므두셀라를, 므두셀라는 라멕을, 라멕은 노아를, 노아는 셈, 함, 야벳을 낳았다고 한다.

그런데 여기서 보는 바는 대개의 사람들이 수백년을 살았다는 점이다. 이에 대한 이해가 쉽지 않은 문제이다. 어떤 사람은 아직 창조주가 주신 복의 힘이 깨어지지 않고 작용해서 오랜 수명을 누렸으나 이 생명력이 근원에서 멀어지면서 수명이 점점 줄어든다고 생각한다. 그럼에도 폰 라트(von Rad)와 같은 사람은 선조들의 고령을 변호하려는 노력은 포기되어야 한다고 주장한다. 고대 선조들의 수명에 관한 고대적인 전승을 반영한 것으로 보아야 한다는 것이다. 그러면서도 그 안에 담긴 중요한 신앙적 진술을 인식해야 한다고 한다. 즉 첫 인류가 가진 창조에 부여된 높은 생명력의 증언을 잊지 말아야 한다는 것이다. 다시말해 하나님의 복으로 말미암아 처음 사람들이 오래도록 산 것으로 보아야 할 것이다.

그리고 인간 수명이 점점 줄어드는 것이 창조 시점으로부터 멀어짐에 따라 놀라운 생명력이 쇠퇴하고 있다. 그래서 아담에서 노아까지는 700-1000살, 노아에서 아브라함까지는 200-600살, 족장들은 100-200살, 현재는 70-80살로 되고 있다. 따라서 네 단계로 나이가 줄어들고 있다. 죄에 의한 죽음이 점점 가까이 다가오고 있음을 부인할 수 없다. 이러한 인간 현상에 무엇이 필요한가? 나이가 줄어드는 인간에게 절실히 요구되는 것은 구원의 필요성이다.

본문을 통해 특이한 것은 에녹에 대한 이야기이다. 21절 이하는 에녹이 므두셀라를 낳은 후 삼백 년을 하나님과 동행하며 자녀를 낳았다고 한다. 그런데 그는 하나님과 동행함으로 남다른 삶을 살았으며 365년을 살고 죽음을 보지 않은 채 하나님이 데려 가셨다고 한다. 하나님과 동행한 삶은 어떠한 삶이었을까? 신비한 현상에 속한다고 보지만 게세니우스 사전을 보면 "하나님께 경건된 결속"으로 풀이하고 있다. 다시 말해 일체의 경건함을 그 삶의 특징으로 보인 사람이 에녹이 아니었겠는가! 그러자면 죽든지 살든지 하나님만을 위해 존재하는 사람이다.

우리는 흔히 '오매불망'(寤寐不忘)이라는 말을 쓴다. 잠을 자거나 생시이거나를 막론하고 잊지 않음을 말한다. 꿈에서도 하나님을 잊지 않고 따르는 삶이 에녹의 삶이 아닌가 생각해 본다. 에녹은 하나님과의 친밀한 교제가 어떻게 표현할 수 없는 정도로 탁월했던 것이다. 사서오경의 하나인 「예기」(禮記)를 한 말로 줄여서 하는 말이 '무불경'(毋不敬)이다. 다시 말해 예(禮)는 '공경 아님이 없음'으로 줄일 수 있다는 것이다. 처음도 공경이고 마지막도 공경인 것이다.

에녹은 경건 아님이 없는 삶을 살았을 것이다. 그의 삶이 하나님을 따르지 않음이 없는 온전한 신앙을 가지고 산 사람이었을 것이다. 그러기에 "하나님과 동행"한 삶을 살았다는 평가를 받지 않겠는가? 에녹은 이런 결과로 하나님이 데려 가셨다(לקח). 참으로 신비로운 일이 아닐 수 없다. 상상은 해볼 수 있지만 구체적으로 어떻게 된 일인지는 설명할 수 없는 놀라운 일이다.

본문에서 또 하나 고려되어야 할 점은 고령에 따르는 현상이다. 아담은 930살을 살았다고 하는데 계보상으로 그의 9대손인 라멕의 출생을 보았을 것이다. 셋은 에녹이 승천할 때에도 살아 있었고 노아의 출생 직전에 죽었다. 라멕이 첫 사람의 죽음을 보았으며 노아는 아브라함의 할아버지인 나홀보다 더 오래 살았고, 아브라함이 예순살이 되었을 때에야 죽었다. 그리고 노아의 아들 셈은 아브라함보다 더 오래 살았다. 그리고 에서와 야곱이 출생했을 때에도 살아 있었다. 연대를 계산하면 이처럼 수없는 이전의 사람들이 후대인들과 함께 살았어야 한다고 생각할 때에 난감해 진다.

내가 만약 내 9대 손자와 동시대를 산다면 어떻게 될까? 할아버지를 넘으면 남이나 다름없는 것을 보면서 9대 할아버지를 나는 어떻게 대하게 될런지? 이처럼 깊이 생각하면 이해하기 어려운 일들이 많이 있음을 또한 생각해야 한다.

창세기는 참으로 우리에게 많은 것을 생각하도록 요구하고 있다.

분을 넘어서는 인간

(창세기 6장)

사람은 자신의 분을 지키는 것이 참으로 중요하다. 예로부터 분을 지키지 못해 낭패당하는 것을 흔히 볼 수 있다. 정해진 '분'(分)은 자신을 깊이 성찰하면 곧 알 수 있는 한계이다. 자기의 분으로 살면 매사가 편안하다. '안분지족'은 이를 잘 나타내는 말이다. 사람이 자기의 분을 넘어서려 해도 넘어서는 것 같으나 더 보태어지지 않고 궁하게 해도 줄어들지 않는 것이 분이라고 했다. 정해진 것이라는 말이다.

본문은 하나님의 은혜와 사랑을 많이 받은 인간이지만 무엇이 부족해서 또다른 욕심을 부리는 이야기이다. 앞 장에서 라멕이 타인의 생명을 경시하는 무서운 말을 하더니 이번에는 하나님의 아들들과 사람의 딸들이 어울려서 혼인을 하고 여기서 자녀들을 낳아 차마 못할 짓을 하고 만다. 그렇게까지 가지는 말았어야 하는데 막무가내는 식으로 못할 짓을 하고 말았다.

본문에 "하나님의 아들들"이라는 말은 높은 천상계의 어떤 존재를 말한다. 이 땅의 존재가 아닌 저 하늘의 존재들이 땅의 사람들의 딸이 보아하니 아름다워 욕심이 생기고 마침내 그들을 아내로 삼는다. 이것은 하늘과 땅의 질서와 한계를 파괴한 무서운 범죄이다. 담을 넘어서는 자는 무언가를 얻기 위함이다. 그들이 아름다운 모습을 좋아한 것에 대해서는 말할 수 없지만 안 되는 일을 힘으로 밀어붙여서 힘을 과시한다. 그리하여 태어난 것이 이른바 거인족이다.

사람들은 무언가 인간을 넘어서는 초인적인 모습을 원하는지 모른다. 버나드 쇼의 《초인과 인간》이라는 소설도 있지만 초인이 되어 보고 싶은 충동은 흔히 가지는 생각이다. 하나님은 우리를 초인으로 만드시지 않았다. 3절에 보면 "여호와께서 이르시되 나의 영이 영원히 사람과 함께 하지 아니하리니 이는 그들이 육신이 됨이라 그러나 그들의 날은 백이십 년이 되리라 하시니라"고 하였다. 이것이 하나님이 정해준 인간의 분(分)이다. 이 분을 넘어서 초인을 만들려는 인간의 못된 심성은 하나님의 화를 자초한 결정적인 원인이다. 모두가 알고 보면 하나님처럼 높아보려는 교만이 발동한 결과다.

그러고 보면 오히려 동양에서는 이러한 초인적인 욕구가 자제되는 것을 볼 수 있다. 일찍이 공자는 괴력난신(怪力亂神)을 말하지 않는다고 했다. 다시 말하면 괴이하고, 힘 자랑하고, 어지럽히고 귀신을 입에 올리지 않는다는 말이 아닌가? 철저히 이 땅의 일에 전념하여 질서를 어기지 않음을 보여준다.

사실 우리는 오늘날 스포츠를 통해서 많은 것을 소비하고 있지만 가만히 생각하면 이것도 정도를 지나치고 있다고 말하지 않을 수 없다. 보통 사람을 넘어서서 끈임없이 한계에 도전하는 스포츠가 지향하는 바는 스스로 인간스러움을 포기하려는 괴이한 일이 아닐 수 없다. 100미터를 20초에 가면 뭣하고 10초에 가면 무엇이 사람답게 사는데 도움이 되겠는가? 그토록 많은 돈을 쓰고 노력하고 애를 써서 일초를 당긴다고 세상이 달라지는 것은 아무것도 없다.

오히려 도덕과 윤리와 선한 삶을 위해서 그런 자원을 쓴다고 하면 세상은 좀더 좋은 세상으로 달라지리라 믿는다. 해마다 스포츠에 투자되는 자원, 지원자, 연구는 엄청나다. 이처럼 지금도 우리는 인간 본질적인 길이 아닌 다른 것에 너무 많은 것을 소비하고 있음을 깨달아야 할 시점에 와 있다. 삶의 부수적인 것들이 오히려 본질적인 것들을 덮고 본말이 전도된 느낌이 많은 오늘의 문화다. 이런 것들이 우리의 정신을 많이 흐려 놓고 있음을 똑똑히 알아야 한다.

거인들을 낳은 불순한 혼인은 하나님이 가만히 놓아 두지 않는다. 그런 교만에 찬 공격적인 인간 태도에 하나님은 철퇴를 가하신다. 하나님이 보시니 인간의 죄악이 이처럼 극악한 상태에 이름에 땅 위에 사람 지으심을 한탄하셨다고 한다. 그리고 고민하신다. 당초 하나님은 모든 것을 아시는 하나님으로 등장하지 않고 마치 자식에게 자유를 주시고 그들이 자신을 배반하는 자식의 아버지로 묘사되고 있다. 사랑을 받은 인간이 분을 넘고 타락하고 제 멋대로 되어가는 난장판의 인간이 되었다.

그래서 대홍수라는 극약 처방이 내려진다. 지면의 모든 살아 있는 것을 쓸어버리고 말겠다는 단호한 결단이다. 그러나 하나님이 노아를 보니 그는 의인이며 당세에 완전한 자로 하나님과 동행한 사람이었다. 하나님은 노아에게 방주를 지으라고 하신다. 본문에 그 규모가 언급되고 있지만 우리는 이를 가늠할 수 없다. 어쨌든 하나님의 명령대로 노아는 방주를 지어 노아의 가족들이 방주에 들어간다. 그리고 다른 생물들도 들어가서 생명을 보존하게 된다. 노아는 하나님의 명령을 '다 준행'했다고 한다. 그는 참으로 착한 사람이었다. 다시 말해 분을 알고 분을 넘어서는 법이 없었다. 특히 하나님과 동행하였다는 말은 어떻게 가능하겠는가?

앞에서 말한 석달이 가도 불위(不違)한 안현의 성품 같이 평생 하나님을 어겨본 적이 없는 그런 사람이기에 하나님과 동행한 인물로 소개된다고 본다. 그는 인간 교만으로 과대 욕구를 채우려는 사람들과는 질적으로 큰 차이가 있다. 욕심이 있어야 큰 발전을 가져온다고 하지만 발전이 때로는 독소를 함께 가져옴을 볼 줄 알아야 할 것이다. 문화가 발전하고 잘 산다는 나라의 사람들이 더욱 사람다우며 신앙이 더 좋은가는 확증하기 어렵다.

잘 사는 것과 심성이 고운 것이 나란히 발전되기란 여간 어려운 일이 아니다. 그래서 자신 없으면 부자되기를 원하지 말아야 한다. 나의 부가 내 생명에 도움이 안 된다면 그 부가 궁극적으로 무슨 유익이 있는가? 시편 기자는 재물이 쌓여도 그에 치심치 말라고 당부하고 있다. 그러나 재물이 쌓이면 마음부터 가는데 어떻게 황금을 돌 같이 보겠는가? 내 마음 하나를 어디에 두느냐는 것은 참으로 중요한 문제이다.

복음은 우리를 일체의 것으로부터 자유하게 하는 능력이다. 그 자유란 무엇인가? 예수께서 십자가에서 "다 이루었다"고 하신 말씀을 생각하면 된다. 부족한 것이 없는 넉넉한 하나님의 나라의 보화가 복음이 주는 자유이다. 하나님이 주신 분복 안에서 자유하라.

다 준행하였더라

(창세기 7장)

창세기 7장은 6장에 나온 홍수의 이야기가 반복되는 것을 보게 된다. 이것을 두고서 성서학 연구자들은 문서설로 분류하고 있다. 여기서 먼저 생각해야 할 점은 노아와 그 가족에게 하나님께서 특별한 은혜를 베푸신 것에 대해 말씀하시기를 "이 세대에서 네가 내 앞에 의로움을 내가 보았음이니라"(1절 하)고 한다.

다시 말해 노아가 그 세대에서 누구보다도 의로운 사람이었기에 다른 모든 사람이 멸망하는 재앙 속에서도 구원을 받는다는 이유이다. 여기서 '의롭다'는 사실에 주목해야 할 것이다. 이 말은 특별한 의미가 있다. 바르고 착한 것은 물론이지만 무엇보다도 하나님과의 관계가 정상적인 경우에 해당하는 말이다. 하나님을 모르고 믿음이 없는 경우는 정상적인 관계를 갖고 있지 않다. 따라서 하나님을 알고 믿으며 순종하는 삶을 사는 사람은 의로운 사람으로 하나님으로부터 인정받는 것이다.

한 세상을 살아가면서 하나님을 모르지만 바르게 사는 사람은 비록 정의롭게 산다고는 해도 의로운 사람이라고 하지 않는다. 여기서 결정적인 것은 하나님과의 관계 여부로 의로움의 관건이 되는 것이지 개인적인 도덕성이 아니라는 것이다. 개인적으로도 도덕과 윤리에 합당하게 사는 일은 참으로 귀하기는 하지만 하나님을 모르고 산다면 하나님 앞에서 의롭다는 이름을 얻을 수 없다. 다시 말해 믿음 없이 의로워지는 일이 없다는 것이다. 믿음이 얼마나 중요한 것인가는 이를 통해서도 알 수 있다.

노아는 하나님 앞에서 의롭기에 그처럼 큰 재난 가운데서도 죽음을 면하고 구원에 이른다. 하나님 앞에서 사는 일이 얼마나 중요한가를 다시 한 번 생각한다. 그는 하나님으로부터 각종 짐승을 방주에 들이라는 명령을 받는다. 5절에 보면 "노아가 야훼께서 자기에게 명하신 대로 다 준행하였더라"고 하여 준행한 사실을 강조한다.

여기서 또한 중요한 것이 노아의 행동이다. 노아는 마치 나중에 이삭을 바치라는 하나님의 명령을 아브라함이 준행하여 의롭다는 칭호를 받은 것처럼 똑같이 하는 모습을 볼 수 있다. 하나님께서 멀쩡한 날에 느닷없이 배를 만들라는 명령을 내렸을 때 어떻게 했는가? 보통 사람 같으면 하나님이 이상한 일도 다 시킨다고 하면서 흘러 버리고 말았을 것이다. '배 만드는 일이 어디 쉬운 일인가' 라고 중얼거리면서 '멀쩡한 땅 위에 배를 만들게' 한다고 했을 것이다.

영리하다는 사람일수록 자기의 뜻을 굽히지 않고 불순종했을 것이다. 그러나 노아는 달랐다. 그대로 순종한 사람이다. 의심 없고, 불만도 없으며 받은 그대로 따라가는 바보같은 태도로 하나님께 나아간다. 사람이 가진 알량한 지식으로 하나님의 뜻을 거스려서 제 뜻을 내세우는 경우가 오늘날 얼마나 많은가? 그래서 자기 생각을 하나님의 뜻으로 끼워 넣는 식의 태도를 얼마나 많이 보이는가? 참으로 조심해야 할 문제이다. 비록 자기에게 불리하다 해도 하나님의 명령을 가감없이 준행하는 것은 참으로 중요한 문제이다. 그래서 노아는 다른 사람이 바보라고 할 정도로 고지식하게 하나님을 따른 사람이다. 어찌 의롭다는 칭호를 받지 않겠는가?

노아가 하나님의 명령을 지키니 7일 후에 홍수가 땅에 덮였다고 한다. 이 홍수는 하늘과 땅 밑에서 동시에 터지는 전 우주적인 큰 홍수였다. 그리고 사십 주야를 비가 내렸다. 우리는 하늘에서만 내리는 비가 쏟아질 때에 몇 시간만 와도 엄청난 수해를 입는 것을 경험한 적이 한두 번이 아니다. 그런데 사십 주야라면 상상을 초월한 엄청난 큰 비이다. 그래서 땅에서 만든 배가 저절로 물 위에 뜨게 된 것이다.

하나님의 말씀이 엉뚱한 것이 아님을 노아는 확인한다. 천하의 높다는 산들이 모두 물 속에 잠기는 그런 큰 비가 왔으니 얼마나 많이 쏟아졌는가? 이런 비에 살아날 생물이 없었다고 말한다. 그리고 오직 노아와 그와 함께 방주에 들어간 자들만 살아 남았다. 하나님께서 얼마나 큰 결단을 했으면 이처럼 엄청난 일을 하셨을까? 사람의 하는 짓들이 모두 참을 수 없는 죄였기 때문이다. 세상에 그러한 슬픔이 없을 것이다. 우리는 재난으로 사람들이 죽었을 때에 그 슬픔이 얼마나 큰가를 느끼곤 한다.

노아의 홍수로 죽은 생물은 그런 정도가 아니다. 전 우주적인 거대한 재난으로 어느 하나 살아남지 못하는 싹쓸이 식의 죽음이다. 우리가 어떤 엄청난 일을 겪으면서 필설로 다할 수 없다는 표현을 쓸 때가 있다. 이 노아의 홍수 사건이 바로 그 무엇으로도 말할 수 없는 사건 중의 사건이다. 우리 인류가 노아의 시대에 이처럼 큰 재난을 당한 것이다. 이것은 애굽 치하에 있던 히브리인들의 탈출 때 있었던 애굽의 장자를 치는 것과는 비할 바 아니며 헤롯왕 때에 예수를 죽이려는 음모로 이루어진 어린아이들의 죽임도 여기에는 당하지 못하는 엄청난 사건이다.

이처럼 큰 사건이 다름아닌 인간들의 죄로 말미암아 내려진 하나님의 심판이다. 사람이 하나님의 뜻을 준행하며 사람답게 살았다면 어찌 이런 비참한 사건이 내려졌겠는가? 다만 그처럼 비극적인 사건 가운데도 하나님의 뜻을 따라 살아 가는 사람은 안전히 보전되며 구원에 이르는 것을 보면서 사람이 어떻게 살아야 하는가를 생각하게 한다.

하나님 안에서 살아 가는 모든 자는 평안과 구원이 있다. 하나님을 떠나 자행자지하는 인간에게 오는 것이 얼마나 위험한 것인가를 다시 명심하자.

판단보다 믿음

(창세기 8장)

어리석은 인간을 대하시는 하나님은 인내와 관용 그리고 사랑이다. 인간이 죄를 지어도 지나친 죄를 지어 달리 어떻게 할 도리가 없을 즈음에 다시 한 번 참으시는 모습의 하나님이시다. 그 실마리가 된 사람이 다름아닌 노아다. 노아는 그 삶이 하나님께 칭찬을 받을 만큼 마음에 드는 자였다.

6장 9절에 보면 "이것이 노아의 족보니라 노아는 의인이요 당대에 완전한 자라 그는 하나님과 동행하였으며"라고 한다. 하나님과 동행하는 삶, 이것이 오늘을 사는 우리의 전부가 되어야 한다. 날마다 동행하는 우리가 되자. 동행하는 자에게 놀라운 복이 주어진다. 노아 한 사람을 통해서 하나님은 그의 구원 역사를 끌고 나가신다. 아쉽게도 나머지 모든 사람은 홍수의 심판을 면치 못하고 사라진다.

맹자에 보면 공자 제자 안연이란 사람이 "순하인야며 여하인야오 유위자역약시라"(舜何人也? 予何人也? 有爲者亦若是)는 말을 한다. 다시 말해 순임금처럼 성인도 사람이고 나도 사람인데 무엇이 다르겠는가라고 물으며 나도 안해서 그렇지 진실로 하면 성인도 된다는 얘기이다.

노아라고 다른 종류의 사람이 아니다. 똑같은 인간이지 특별한 것을 받은 사람이 아니다. 하나님과 동행하는 삶을 살아간다면 노아가 되지 못할 이유가 없다는 생각을 갖고 너나 할 것이 없이 노력하자.

노아의 방주는 물이 줄어들기를 기다리며 백 오십일 후에 배가 아라랏 산에 머물고 산봉우리가 보이기 시작했다고 한다. 참으로 두렵고 답답했을 것이다. 날만 새면 물이 줄었나를 살피면서 초초하게 기다린 나날이었다. 그러던 날에 산 봉우리가 보였다니 얼마나 반가웠을까? 그는 처음 까마귀를 내보내었으나 별다른 조짐을 모르고 다시 비둘기를 내어 놓아 지면의 상태를 알고자 했던 것이다. 처음에는 그냥 돌아온 비둘기가 두 번째 돌아왔을 때는 그 입에 감람나무 새 잎사귀가 있었다고 한다. 그리고 다시 내놓았더니 돌아오지 않았다고 한다.

감람나무는 평지에 사는 나무이다. 다시 말해 평지가 물이 빠져서 원상태가 되었다는 표시이다. 얼마나 반가운 소식인가? 그 소식을 알린 것이 다름아닌 비둘기였던 것이다. 그래서 지금까지도 비둘기를 세계평화의 상징으로 삼게 된 것이다.

땅에 물이 걷히니 이제는 심판이 끝난 것이다. 하나님은 그때에 노아에게 이르기를 가족과 함께 배에서 나오라고 명령하신다. 그리고 배 안의 모든 동식물도 그렇게 하여 "땅에서 생육하고 땅에서 번성하리라"(17절 하)고 약속하신다. 이제는 모든 것이 제대로 되어가고 땅에서 생육과 번성하는 일만 남았다. 노아는 얼마나 기뻤겠는가? 주체할 수 없는 기쁨에 먼저 하나님께 감사의 제단을 쌓는다. 정결한 짐승을 잡아 번제를 드렸다고 한다.

하나님은 이를 기꺼이 흠향하시고 다시는 사람을 인하여 땅을 저주하지 않으시겠다고 하시면서 "…이는 사람의 마음이 계획하는 바가 어려서부터 악함이라…"고 한다. 사람은 본디 악해서 더 이상 어떻게 해 볼 도리가 없다는 체념이 엿보이고 있다. 얼마나 인간이 하나님을 실망시켰으면 그러한 말씀을 하셨을까? 해도 해도 안 되면 아예 기대를 하지 않는 상태를 무엇이라고 보아야 할까?

우리 인간이 하나님 앞에서 한 일은 이렇게 답답한 짓이었다. 그러니 하나님이 양보할 수밖에 다른 길이 없으셨던 모양이다. 그 양보로 우리가 살아가는 셈이다. 어쩔 수 없는 인간, 그게 우리라면, 하나님의 조건없는 은혜와 사랑이 아니었다면 우리가 어떻게 존재할 수 있었겠는가?

죄악 중에 힘을 발휘하는 하나님의 은혜와 사랑을 감사하는 노아에게 하나님은 복을 주신다. 노아는 참으로 인간에게 실망한 하나님을 기쁘게 하는 사람이었다. 그를 통해서 구원의 역사가 이어지고 있다. 그를 생각하면 보통 사람들에게는 엉뚱한 면이 있어 보인다. 물론 그는 하나님의 은혜를 입었기에 그러한 것도 가능했겠지만 어쨌든 보통 사람과는 다르다.

그에게 멀쩡한 날에 마른 땅 위에 배를 만들라는 명령을 의심없이 복종했다. 나중에 아브라함이 그렇지 않았던가? 히브리서 11장 7절에 "믿음으로 노아는 아직 보이지 않는 일에 경고하심을 받아 경외함으로 방주를 준비하여 그 집을 구원하였으니 이로 말미암아 세상을 정죄하고 믿음을 따르는 의의 상속자가 되었느니라"고 한다. 그는 칭찬을 받아 마땅한 사람이다. 누가 마른 땅에 배를 만들라는 어리석은 요구(?)를 따르겠는가? 하나님과 동행하는 자의 지혜를 보여 준다.

사람은 교만해서 무엇을 좀 알면 판단하고 자기 뜻대로 살려고만 한다. 하나님의 일에서 인간의 판단보다 더 중요한 것이 오직 믿음이라는 사실을 명심해야 할 것이다. 믿음으로 살다가 손해를 보는 일이 있다 해도 믿음을 따라 사는 일은 결국 복이 되어 내게 오는 것이다. 내 판단, 내 지식, 내 생각을 앞세우지 말자.

믿음의 요구라면 그 어떤 나의 좋은 것도 포기하는 지혜야말로 하나님과 동행하는 삶이 아니겠는가?

무지개의 언약

(창세기 9장)

커다란 시련을 겪고난 인류에게 새로운 시작이 노아와의 언약을 통해서 이루어진다. 생각해 보면 하나님이 무엇이 아쉬워서 그들에게 새로운 약속을 하시는가? 왜 하나님은 자꾸만 뒤로 물러서고 계시는가? 별로 나아 보이지도 않는 인간에게 그토록 선심을 쓰실 필요가 어디에 있는가? 여러 질문들이 있을 수 있다. 사람이 사람을 대할 때는 상대가 하는대로 이쪽에서도 대하게 된다. 못된 짓을 일삼는 사람에게 아무리 속 좋은 사람이라도 무한정 좋게만 대하지 않는 것이 인간사이다. 그러나 하나님은 이러한 인간의 태도를 떠나 수없는 양보로 그들에게 길을 열어 주신다. 우리 개인을 보아도 사람에게 실수를 그만큼 했다면 당해도 크게 당하고 말 것이지만 하나님은 인내심을 갖고 기다리심을 수없이 느낀다. 하나님 앞에의 우리의 잘못이 얼마인가?

하나님은 노아의 아들들에게 복을 주시며 "생육하고 번성하여 땅에 충만하라"(1절 하)고 하신다. 낯설지 않은 말씀이다. 이 말씀 안에 인간의 근본 욕망이 내재한다. 종족보존 본능이라든가 부귀를 누리려는 욕망이 전혀 없는 사람은 없을 것이다. 그래서 이런 것들을 이룬 사람을 가리켜 복을 받은 사람이라고 흔히 말한다. 하나님은 노아의 아들들에게 참으로 큰 복을 내려 주신다. 그리고 모든 생물들을 마음대로 다스리라는 권한을 위양하시고 이전에는 허락하지 않으셨던 산 동물들을 식물(食物)로 허락까지 하신다.

오늘날 이것이 지나쳐서 많은 물의를 일으키고 있는 인간이지만 어쨌든 이것을 인간에게 허락하신다. 가이 새로운 단계에 이르렀음을 알게 된다. 다만 고기를 먹되 피는 먹지 말라고 하신다. 피는 생명을 상징하는 것으로 하나님께 속하는 중대한 것이기 때문이다. 피를 통해서 모든 생명의 주인이 오직 창조주 하나님이심을 다시 한 번 상기시키신다. 그것만 지키면서 생육하고 번성하고 충만하라는 말씀이다. 마치 동산 안의 모든 것을 다 먹되 선악과는 먹지 말라 하신 명령을 연상하게 된다. 인간은 과연 금지사항을 얼마나 마음에 새기면서 살아가는가? 어기지 않는 삶은 아름다운 것이다. 패기가 없는 것이 아니고 공성(攻城)보다 어렵다는 자기 마음을 이긴 것이다.

하나님은 이제 노아와 그 아들들에게 일방적인 약속을 선언하신다. 11절에 보면 "내가 너희와 언약을 세우리니 다시는 모든 생물을 홍수로 멸하지 아니할 것이라 땅을 멸할 홍수가 다시 있지 아니하리라"고 한다. 참으로 반갑고 기쁨의 언약이 아닐 수 없다. 세상의 어떤 재앙이 홍수와 같은 큰 심판이겠는가? 끔찍한 일이 한 번으로 지나간 것이다. 이제는 그러한 것을 다시 행하시지 않겠다는 약속이 아닌가? 이 약속은 영원히 세우는 언약이라고 하시면서 그 증거가 하늘의 무지개라고 하였다. 비 개인 뒤에 흔히 보이는 무지개는 하나의 자연현상으로 보아 왔건만 실은 그 시원의 시대에 하나님의 약속의 상징으로 주어졌음을 알게 된다. 자연의 아름다움의 하나가 아니라 약속의 표징으로 오늘 우리는 무지개를 다시 보게 된다.

그런데 하나님의 언약의 말씀을 가만히 보면 별다는 점이 있다는 점이다. 아브라함과 맺은 계약으로 할례, 이스라엘과 맺은 계약의 표로 안식일들은 노아와 맺은 이 계약과는 다른 것임을 볼 수 있다. 다른 것들이 일부 제한적인 사람들에 관한 것이라면 노아와 맺은 것은 전 인류를 상대한 것이다. 뿐만 아니라 땅 위의 모든 생명을 보존하신다는 자유롭고도 절대적인 의지가 확고하게 나타난다. 더욱 중요한 것은 조건 없는 약속이라는 점이다. 다시 말해 언약의 상대에게 어떤 의무도 지워지지 않고 있다는 점이다. 오직 하나님만 그 약속에 스스로 구애를 받으신다. 이것은 참으로 놀라운 일이 아닐 수 없다. 아무런 댓가 없이도 노아와 후손들에게 복을 주심은 어디에도 없는 복이다. 그 약속에 이래라 저래라하는 조건을 볼 수 없다. 이 모든 것을 하나님 혼자 기억하시고 지키시겠다는 일방적인 약속이다.

이제 이야기는 다시 노아의 아들들에게 돌아간다. 세 아들이 셈, 함 그리고 야벳이다. 이 세 줄기로 온 인류가 퍼져 나간다고 한다. 그런데 노아는 본디 농사하는 사람으로 포도나무를 재배한다. 포도나무는 하늘이 준 나무라고 할 만큼 다른 것과는 비교할 수 없는 좋은 것이다. 포도는 복 받은 인간이 즐기는 열매 중의 열매다. 어느 날 노아가 포도주를 마시고 취해서 장막 안에서 벌거벗고 잤다고 한다. 우연히 이것을 본 가나안의 아비 함이 형제들에게 말하매 셈과 야벳이 옷을 가지고 뒷걸음으로 들어가 아버지의 하체를 덮었다고 한다. 이를 안 노아가 함으로 대표되는 가나안이 저주를 내리고 그 형제를 섬기라고 저주를 한다. 여기서 우리는 체통을 깎는 술취함에서 세 아들의 본성이 드러나고 셈과 야벳과 구별되는 함을 볼 수 있다. 이로써 각 민족의 운명의 되어질 일을 가늠하게 된다.

결국 이스라엘에 예속되는 가나안의 운명을 원인론적으로 보여주며 그 원인이 성적인 부패에 있음을 보여준다. 특히 26절에 "셈의 하나님 여호와를 찬송하리로다…"라는 말씀에서 셈의 몫은 야훼임을 알게 된다. 셈이 잘나고 뛰어난 것이 아니라 셈을 택하신 하나님이 찬양을 받으실 분임을 나타냄으로 창세기의 저자는 하나님과 함께 셈을 내세우고 있다.

민족의 퍼짐

(창세기 10장)

세상에는 얼마나 많은 민족들이 살아 갈까? 우리가 아는 것보다 훨씬 많은 민족들이 살아간다고 보아야 할 것이다. 수 백종의 언어를 보아도 인종이 얼마나 많은가를 가늠하게 된다. 하나님은 이처럼 사람들을 각양각색으로 만드셨다.

창세기 10장은 민족이 노아의 세 아들로부터 시작해서 퍼져 나감을 보여준다. 여기서 보여주는 것은 민족이 정치 · 사회적으로 상호 구별되는 것이다. 기원전 2천년 대에 중동의 역사는 크게 북방의 힛타이트 제국과 남방의 이집트로 양분된 상태를 감안해야 한다. 이집트는 팔레스틴이나 시리아를 수없이 공략한 바로 왕 투트모세 3세가 있었다. 이처럼 이집트가 강성할 때에는 팔레스틴이 그 지배 하에 있었고 그 후계자들이 약화되었을 때에는 땅을 빼앗기기도 했다. 이집트 신제국의 제 19 왕조(1305~1196)의 바로 왕들은 다시 강대국의 면모를 갖추고 팔레스틴으로 원정하여 옛 지배권을 되찾았다. 이러한 정치적 배경 하에 가나안을 구스와 미스라임(이집트)과 붓(리비아)의 함족에 포함시키고 있다.

반면에 북방족은 힛타이트 제국으로 기원전 1900년대에 등장하여 어려운 기간을 겪다가 기원전 1300년대 후반에 강력한 힘을 얻는다. 이들도 시리아를 지배하고 남진하다가 이집트 19왕조의 람세스 2세가 북으로 쳐들어 와서 오론테스강의 카데쉬에서 대회전이 있었다. 비록 승부가 없었던 싸움이었으나 힛타이트 제국은 기원전 1200년경 에게해의 해양족 침입으로 완전히 망한다.

그리고 나서 많은 민족의 이동이 일어난다. 블레셋 사람들은 해양족으로 팔레스틴과 이집트에 이른다. 이는 메렌프타와 람세스 3세가 강력해지면서 민족 이동이 중단된다. 이로써 블레셋은 팔레스틴 남부 해안에 거하게 된다. 힛타이트 제국이 사라진 다음 에게해 지역의 많은 민족들이 수없이 몰려들게 된다. 해양 민족으로 디라스, 이오니아인인 야완, 소아시아인인 두발, 메섹, 도갈마 그리고 달시스 등이 모여든 족속이다.

6절 이하의 함의 아들에는 구스와 미스라임이 나오며 붓은 지금의 리비아로 가나안과 함께 함으로 분류하고 있다. 사실 셈족에 가까운 가나안이나 이스라엘이 그 땅에 입주할 즈음까지 이집트의 영향권에 있었기 때문일 것이다. 그리고 스바, 하윌라, 삽다, 라아마, 삽드가, 라아마의 아들들이다. 구스는 니므롯을 낳았는데 그는 세상의 처음 용사라고 한다. 바벨론과 앗수르 제국도 그에게까지 소급한다. 기타 여러 이름들이 나오지만 모두 지역으로 확인하기는 어렵다.

셈은 에벨의 조상이라고 한다. 이들은 북의 힛타이트, 남의 이집트와는 다른 제3의 세력이다. 그들은 동쪽에서 양대 제국 사이로 떼지어 온 것으로 보아야 한다. 기원전 1500-1200년 사이에 셈 계통의 아랍인들이 이주함으로 팔레스틴과 시리아에 새로운 지역 편성이 이루어진다. 이스라엘도 이들과 함께 가나안 땅에 들어온다. 엘람, 앗수르, 아르박삿, 룻, 아람 등 확인하기 어려운 많은 사람들이 나온다.

지루하고 재미없는 사람들의 이름이 계속되고 있다. 우리는 이러한 성서 기자의 소상한 인명 소개를 보면서 무엇을 느끼는가? 성서는 무엇을 전하고자 하는가? 민족 목록이 가지는 성서적, 신학적 의미는 한마디로 노아와 그 후손에 대한 하나님의 명령인 "생육하고 번성하여 땅에 충만하라"(9:1)가 성취되고 이행됨을 보여 줌이다. 구약성서가 말하는 축복은 생명력을 얻는 것이다.

노아에게서 수없는 민족들이 나오고 여러 지역에서 나름대로 살아가는 모습은 하나님이 각 민족에게 주신 풍성한 생명력을 의미한다. 하나님의 은총과 사랑이 아니면 생명을 부여 받을 수 없을 것이며 활력 있게 살아가지 못할 것이다. 비록 역사적으로 격동하는 시기이지만 사람들은 자기의 삶을 살아간다. 그리고 민족간에 싸우고 적대시하며 살아가지만 알고 보면 모두가 한 하나님이 창조한 한 식구와 같은 존재임을 보여 준다. 하나님은 어떤 민족을 택하여 결국은 만민을 구원코자 하는 이유도 당초에는 한 뿌리에서 나왔기 때문이다. 하나님의 창조가 아닌 것이 없는 세상을 살면서 택한 백성의 해야 할 일은 참으로 막중하다.

하나님에게서 버려질 피조물이란 없을 것이다. 모두가 구원을 받기를 원하시는 하나님의 큰 사랑 앞에서 먼저 택함 받은 자는 큰 빚을 지고 있는 셈이다. 사람의 눈에는 호악이 있으나 깊은 하나님의 뜻으로 보면 모두가 사랑을 받고 구원에 임해야 하는 존재이다. 무릇 생명을 가진 존재를 우리는 사랑해야 한다. 영혼을 사랑하고 귀하게 여기며 선하게 이끄는 마음이 있어야 이 땅에서 하나님의 뜻을 따르는 사람이다. 생육하고 번성하여 땅에 충만하는 복이 어찌 일부의 사람만의 몫이겠는가?

모두가 누려야할 복으로 삼고 만민에게 임하는 하나님의 사랑을 부지런히 전하는 자가 되어야 한다.

교만의 결과

(창세기 11장)

사람들이 쓰는 말이 하나라면 얼마나 편리할까? 그렇게 되면 힘들여 남의 나라 말을 배우려 노력을 하지 않아도 될 것이다. 어디를 가든 쉽게 통하고 사람과 사람 사이가 좀더 가까울 것이다. 그러나 세상 어디를 가도 우리의 말을 쓰는 나라는 없다. 말이 다르면 그들의 사회에 끼어드는 데 한계가 있다.

창세기 11장은 온 땅에 언어가 하나요 말이 하나라고 한다. 그들은 서로간에 불편함이 없었다. 많은 사람이 모이면 흔히 작당을 하면서 부정적인 도모를 하기 쉽다. 군중은 힘을 과시하고 무언가 일을 만들어 통일적인 행동을 하려 한다. 사람들은 벽돌을 만들어 역청을 이겨서 성읍과 탑을 건설하고 그 꼭대기를 하늘에 닿게 하자고 한다. 우리는 걸핏하면 동양 최고니 세계 최고니 하면서 은근히 자신들의 위용을 과시하는 성향이 있다. 제일 높아야 직성이 풀리는 사회적 분위기에서 낮고 낮은 사람들은 무엇을 자랑하며 살아갈까? 어떤 사람이 이력을 쓰면서 입학 때에 수석, 졸업때 수석을 쓴 것을 보고 그는 지금 무엇을 바라는가를 생각한 적이 있다. 힘을 목표로

한 저의를 알 수 있다.

시날 평지의 사람들이 바벨탑을 만들어 하늘에 견주려는 심리는 참으로 공격적인 태도가 역력히 드러나고 있다. 힘은 좋은 것이다. 사람들은 힘을 어디에 쓰고 있는가? 공존, 공영, 평화를 위해서 쓰는 힘은 얼마나 되는가? 시날의 사람들은 "우리의 이름을 내고 온 지면에 흩어짐을 면하자"(4절)고 하였다. 여기서 그들이 원하는 것은 이른바 '이름'이다. 사람들이 모두가 원한다는 부귀공명의 '공명'일 것이다. 그러나 그 이름은 자칫하면 더러워지기 쉬운 것이다. 욕된 이름보다는 보통의 이름이라도 지닌다면 얼마나 좋겠는가?

하나님은 먼저 이러한 인간의 속셈을 아시고 인간세계에 오신다고 한다. 사람들의 하는 짓을 보니 못된 짓이었다. 그래서 그들의 하는 일을 막고자 언어를 흩어지게 한다. 서로가 통하지 못한 그들은 힘을 모으고 작당을 꾸미지 못하게 되었다. 그래서 그들이 도시와 탑의 건설을 중지하였다. 그리고 산지사방으로 흩어지는 신세가 되었다. 사람들은 그들의 기술이 발전하여 못할 일이 없을 만큼 자고한 상태에서 하나님의 철퇴를 맞은 것이다.

오늘날 인간의 기술이 얼마나 발전에 발전을 거듭했는가? 그리하여 사람의 힘으로 못할 일이 없다고 할 만큼 많은 일을 해 내는 시점에 와 있다. 대량으로 생명을 앗아가는 살상의 무기를 각국에서 만들어 내고 있으며 생명을 조작하는 공학도 엄청난 발전을 하고 있다. 이런 것이 인류 사회에 공헌한 바도 많지만 인권이란 천부의 권리도 무시되는 지경에 도달했다. 창조주 하나님의 권리도 무색하게 하는 위험스런 장난을 일삼고 있는 셈이다. 그들은 바벨탑의 사건을 오늘 시도하는 현대판 시날의 사람들이다. 인간이 어떤 하나님의 심판을 받고야 그러한 무엄한 일을 그만 둘 것인가? 하나님보다 못할 것 없다는 교만이 수시로 사람들의 마음속에 자리잡고 있다.

과학과 문명은 하나님께서 인간을 지으시고 일정한 한계를 주셨는데 이러한 범위를 넘어가지 않는 문명이어야 인간적인 문화로 가치가 있는 것이다. 그 한계는 하나님의 말씀에서 찾아야 한다. 하나님은 하나님, 인간은 인간이지 다른 무엇으로 나아가는 인간일 수 없는 것이다. 과학과 문명이 좋기는 하나 무서운 흉기로 변할 수도 있음을 동시에 알아야 한다.

공자는 일찍이 문질이 빈빈(文質彬彬)해야 한다고 한적이 있다. 다시 말해 바탕과 꾸밈이 균형 잡혀야 한다는 말이다. 그런데 오늘날 사람들은 바탕에는 별 관심이 없고 온통 꾸밈에 정신이 쏠려 있는 모습을 볼 수 있다. 양자가 적절하게 어울렸을 때가 아름다운 것이다. 철철이 유행만 따르는 사람이 있는가 하면 시대감각에 전혀 신경을 쓰지 않고 고리타분한 모습으로만 사는 사람도 있다. 양 극단이 모두 문제고 양자를 적절히 섞어 조화롭게 하는 것이 치우치지 않는 삶이다. 가운데를 잡아 사는 것이 중요하다.

10절 이하는 이른바 셈의 족보이다. 이렇게 함으로 셈의 원역사에서 아브라함의 이스라엘 족장사로 넘어가는 준비가 이루어지고 있다. 역사는 갑자기 인류사에서 이스라엘이라는 한 작은 공간으로 좁혀지고 있다. 하나님은 인류의 구원을 위해서 한 작은 집단을 우선 선택하는 방법을 취하고 있다. 데라와 아브라함의 족보가 소개되고 아브라함은 셈의 후손으로 먼 갈대아 지방의 유래를 알려준다. 하나님은 이처럼 그 구원의 역사를 위해 한 사람을 부르시고 이리저리 인도하여 새로운 역사를 전개 하신다.

우리는 11장의 주제라 할 인간의 죄의 연속에서 그 이름을 떨쳐 보겠다는 교만한 모습을 본다. 그것이 얼마나 부질없는 일인가를 알고 하나님을 떠나서 독자적으로 이름을 내려는 어리석음이 아니라 순종의 지혜야말로 진정한 복이라는 사실을 알게 된다. 하나님을 떠나서는 그 어디에도 복된 일이 없다. 위험하기 짝이 없는 어리석음만 불안하게 찾아 온다. 복의 근원이신 하나님께 기쁨으로 돌아가자.

아브라함을 통한 만민의 복

(창세기 12장)

하나님은 어떻게 하든 인간에게 복을 주시려는 모습을 성경 도처에서 볼 수 있다. 연속되는 사람들의 죄악에도 불구하고 끝내 그분이 베푸신 것은 구원의 행위이다. 창세기 12장에 들어오면 이야기는 인류의 처음 이야기가 아니라 한 민족의 선택과 그것이 이루어지는 이야기이다.

이야기의 시발점은 아브람이라는 한 셈족의 후손이다. 아브람은 아르박삿에서 데라에 이르는 긴 족보를 거치고 데라의 아들로 태어난다. 그는 어느날 하나님으로부터 갑자기 부름을 받는다. "너는 너의 고향과 친척과 아버지의 집을 떠나 내가 네게 보여 줄 땅으로 가라"(1절)는 명령이 그것이다. 이 말씀은 한 인간의 기반을 버리는 견디기 힘든 요구가 아닐 수 없다.

고대사회에서 고향과 친척을 떠난다는 것은 오늘의 어떤 이주와는 질적 차이가 있는 것이다. 이러한 명령과 함께 하나님은 약속을 더해 주시고 있다. 그 약속은 참으로 원대한 것이 아닐 수 없다. "내가 너로 큰 민족을 이루고 네게 복을 주어 네 이름을 창대하게 하리니 너는 복이 될지라"(2절). 지금 아브람은 이러한 것을 하나도 갖지 못한 빈 몸이다. 이러한 그에게 엄청난 약속이 아닐 수 없다. 하나님은 아브람을 벌거벗기어 오직 하나님만 의지하도록 요구한 것이다. 만약에 이러한 일이 나에게 벌어졌다면 어떻게 행했을까? 여러가지 모습이 나타났을 것이다. 아브람은 "야훼의 말씀을 따라갔고"(4절)고 하여 순종하고 나선다. 아브람은 맹목적으로 따라 나선다. 앞도 뒤도 바라보지 않는 조건없는 순종이 아브람의 태도였다.

그렇게 함으로 그에게는 장차 하나님께서 전 인류에게 임하게 할 복의 전달자의 머리가 되고 그 민족은 큰 민족이 되며 그 이름이 창대하게 된다. 하나님의 복은 아브람을 통해서만 효력이 있으며 아브람으로 대표되는 이스라엘은 큰 민족, 그리고 그 이름이 유명한 민족으로 드날리게 되는 것이다. 바벨탑의 사건에서 초기 인류들은 그 이름을 날리려고 얼마나 노력을 했던가? 그러나 결국은 그런 노력은 하나님으로부터 철퇴를 맞았지만 이제 아브람의 경우는 오히려 하나님께서 이름나게 해 주시겠다는 약속이다.

하나님은 인간에게 베푸시고자 하는 복을 위해서 이처럼 너그러운 마음을 쓰시면서까지 행하시는 것이다. 인간에게 하나님의 복이 얼마나 귀하고 필요하면 이러한 전례를 뛰어넘는 일을 행하실까? 한 사람과 한 민족의 선택도 중요하지만 만민에 대한 하나님의 관심은 모든 것의 꼭대기가 아니라면 있을 수 없는 일이다. 인간은 하나님의 복으로 살아간다. 하나님은 그 복을 사람들이 모두 풍성하게 누리기를 원하신다. 지금 일꾼을 통해서 이 복을 나누어 주시고자 하는 것이 아닌가? "땅의 모든 족속이 너로 말미암아 복을 얻을 것이라"(3절 하).

아브람은 이 하나님의 원대한 계획에 동참하여 사사로운 삶의 인연들을 끊고 미지의 세계로 떠나고 있다. 그가 떠나는 길에는 아내와 조카 롯 그리고 종들을 데리고 떠난다. 그가 세겜 땅 모레 상수리나무에 이르렀을 때에 하나님이 나타나셔서 이 땅을 주시겠다는 약속을 받는다. 상수리나무는 대대로 거룩한 나무로 가나안 제의의 중요한 중심이었으며 이스라엘에서도 중요한 의미를 가진다. 그는 곧바로 거기서 제단을 쌓는다.

하나님께 제사를 드린 아브람은 언제나 그렇듯이 땅이 건조해서 기근이 왔으므로 식구들을 데리고 애굽으로 내려간다. 이것은 그가 앉아서 굶어 죽을 수만은 없다고 판단해서 애굽을 찾게 되었을 것이다. 그러나 낯선 애굽에 가면 걱정이 많을 것이고 특별히 예쁜 아내가 문제가 되었다. 예쁜 여자들은 언제나 힘있는 사람의 표적이 될 수밖에 없어 자칫하다간 자신의 생명까지도 위험한 지경에 이를 것이다. 그래서 사래를 향해 잠시 누이라고 말하라고 한다. 다시말해 그 생명을 잃느니 아내를 희생시키려는 속셈이었다. 이렇게 해서 그는 잠시나마 하나님의 도우심을 생각하지 못했고 또한 인간적인 나약함을 드러낸다. 생명이냐 아내인가에 대해서 단호히 아내라고 할 수 있었다면 아브람은 신앙적인 면에서나 인간적인 면에서 영웅적 모습을 보여 주었을 것이다. 참으로 아쉬운 선택이었지만 하나님은 이러한 인간적인 약점에도 그를 보호해 주신다.

사래를 본 애굽 사람들은 심히 칭찬을 아끼지 않았고 마침내 바로의 궁에 빼앗기게 되었다. 대가로 아브람은 융숭한 대접을 받는다. 기둥뿌리 뽑아 엿 사먹는 맛을 아마 아브람이 맛보지 않았을까 한다. 대접이 후하면 무슨 소용이 있겠는가? 그러나 아브람은 이럴 수도 저럴 수도 없는 처지에 있었다. 이때에 하나님은 두말 않고 나서신다. 약속의 자녀가 당한 위기를 넘어가는 하나님이 아니다.

17절에 "야훼께서 아브람의 아내 사래의 일로 바로와 그 집에 큰 재앙을 내리신지라"고 한다. 하나님은 아브람의 나약함을 꾸짖기 전에 먼저 사래를 구하시는 놀라운 역사를 이루신다. 물론 아브람은 바로에게서 심한 비난을 받는다. "어찌하여 그를 네 아내라고 내게 말하지 아니하였느냐"(18절)는 원망이다. 그 앞에서 아무말도 하지 못하고 그저 침묵할 뿐이다. 여지없이 아브람은 같은 남자로서 심한 수모감을 느끼고 머리를 들수 없어 그 자리를 말없이 빠져 나옴으로 하나님께 부끄러움을 면치 못했다.

아브람은 참으로 대단한 사람이었다. 하나님을 향한 믿음이 맹목적일 만큼 확고한 모습을 보여 주었다. 성서는 그러한 사람도 이처럼 실수를 할 수 있음을 보여주고 이를 감싸시는 하나님이 계심으로 하나님의 역사는 차질없이 계속됨을 보인다. 그것은 하나님이 그 구원의 역사를 이루시고 만민을 향한 복을 택한 사람으로 주시겠다는 의지가 얼마나 큰 가를 말해 준다.

이 복을 우리 인간은 잊어서는 안 된다. 하나님 안에 거하여 약속의 백성이 되고 만복을 누리는 것은 인간에 주어진 하나님의 뜻이다.

내가 네게 주리라

(창세기 13장)

사람은 아무리 의 좋게 살다가도 어느 시점이 되면 형제간에도 서로 나뉘게 마련이다. 하찮은 풀 한포기도 덩치가 커지면 뿌리를 나누면서 서로 뻗어나가며 살아가는 것을 본다. 씨는 자꾸 이렇게 나뉘면서 퍼지는 것이다. 하나가 될 수는 없는 것이다. 이것이 하늘의 이치가 아닌가?

아브람은 조카 롯과 참으로 좋은 사이로 지내온 것으로 보인다. 그런데 그들이 남부지방에서 베델 부근에 이르렀을 때에 "그 땅이 그들이 동거하기에 넉넉하지 못하였으니"(6절)라고 하여 딸린 것이 많은 아브람과 롯이 함께 살기는 어려운 지경이 되었다. 초지도 넓지 못하고 사람과 짐승들이 마실 우물이 부족하니 여간 불편하지 않았을 것이다. 그러다보니 부리는 목자들 사이에 자꾸만 다툼이 생기고 이로 인해 불편함을 느낀 아브람이 새 판을 짜야 되겠다는 생각에서 롯과 갈라서기를 결심한다. 본심은 함께 지냈으면 좋겠다고 생각했었지만 불어난 살림살이가 허락하지 않는다.

아브람은 평화로운 성품을 가진 사람인지라 이런 일로 조카와 불미스런 일이 되지 않도록 사려깊은 배려를 손수하고 있다. 그는 먼저 조카에게 친족의 우애를 내세우며 서로간에 지혜로운 처신을 강조한다. 지도자의 너그러운 마음을 보여준다. 그러면서 그는 롯에게 "네가 좌하면 나는 우하고 네가 우하면 나는 좌하리라"(9절)고 조카에게 우선적인 선택권을 준다. 우리말에 찬물도 위 아래가 있다고 했는데 하물며 땅을 나누는데 어찌 어른이 뒤로 물러선단 말인가? 세상살이에서 이렇게 어른이 크게 양보하는 모습은 쉽게 볼 수 없을 것이다. 그래서 아브람은 보통 사람은 아니고 이스라엘의 조상다운 모범적인 인물로 묘사되고 있다.

롯이 이에 상응하는 예의를 보여 주었다면 얼마나 좋았을까? 그러나 그에게 예의 바른 모습은 없고 내심 깊게 숙고하는 모습만 있다. "롯이 눈을 들어" 멀리 두루 두루 살폈다. 여기서 "야훼께서 소돔과 고모라를 멸하시기 전이었으므로"와 "애굽 땅과 같았더라"는 후대의 산물로 해석을 돕기 위한 말이다. 그런데 애굽 땅과 같다는 것은 오히려 하나님의 동산의 의미를 약화시키고 있다.

애굽 땅은 도처에서 더러운 땅으로 보는 성서의 말씀에서 보면 에덴동산과 같을 수 있겠는가? 어쨌든 그는 요단 평지를 선택하므로 오늘날까지도 비옥한 여리고 등 물이 풍부한 곳을 차지하고 만다. 롯이 얼마나 이기적인 행동을 하고 있는가? 그 땅의 노른자에 해당하는 곳을 차지하면 끝나는 것으로 생각했을 것이다. 도시는 아름답다고 하지만 자칫 타락하기 쉬운 곳이 도시가 아닌가?

소돔과 고모라는 화려하고 매력이 있어 보이나 마침내는 죄와 타락의 표상이 되고 있지 않았던가? 얼마나 잘 해놓았으면 그 곳을 "야훼의 동산"과 같다고 했을까? 롯과 같은 유목민에게 도시는 마음이 빼앗길 만한 곳이다. 사람들은 흔히 화려한 것을 보면 정신을 잃는 경우가 많다. 농촌에 살던 처녀 총각들이 어쩌다 화려한 도시를 보고나면 괜찮던 마음이 뒤집혀서 호미자루를 던지는 일이 비일

비재하다. 왜 우리 인간은 선진 문화에 맥을 못추는가? 인간에게 문화는 무엇인가? 깊게 생각해야 할 것이다. 롯은 그렇게 좋다고 하는 것을 좇아 갔다.

한편 아브람은 나머지 땅을 자신의 몫으로 하여 가나안 땅에 거주한다. 그는 모든 일들이 다툼없이 잘 이루어짐에 안도하며 롯과 헤어졌다. 옛말로 '지성이면 감천이라'고 정성을 드린 그에게 하늘이 감동한 것같다. 하나님께서 아브람을 찾아 오셔서 동서남북을 두루 바라보라고 하신다. 그러면서 "보이는 땅을 내가 너와 네 자손에게 주리니 영원히 이르리라"(15절)고 한다. 뿐만아니라 "내가 네 자손을 땅의 티끌 같게" 하겠다 하여 약속을 새롭게 하신다. 아브람에게는 얼마나 감사한 말씀인가? 넓은 땅에서 수없는 자손들이 번창함은 떠돌며 살던 사람에게 감당키 어려운 복이 아닐 수 없다.

그는 다시 하나님의 은혜와 보살피심을 감사하고 마므레 상수리 수풀에서 하나님을 위하여 제단을 쌓았다고 한다. 마므레는 고래로 거룩한 장소로 제의의 장소였으며 특히 상수리나무도 거룩한 나무로 여겨졌다. 우리는 아브람이 하나님과 특별한 관계를 유지함을 변함없이 본다. 그가 비록 인간적인 면에서 양보하고 너그러운 마음을 갖고 살아가니 하늘이 갚아 주는 것이다. 하나님은 사랑하는 자의 손해를 그냥 두고 보시는 분이 아니시다. 자기 것을 스스로 챙기는 자는 하나님의 도움을 받기 어려워도 선한 뜻으로 물러서는 자는 결국 하나님이 더 큰 것으로 돌려주심을 아는 지혜가 믿는 자의 믿음이다. "내가 네게 준다"는 말은 확실하고도 큰 약속이다. 그것은 세상이 주는 어떤 귀한 것도 이와 견줄 수 없는 것이다.

사람이 확실하고도 영원한 것을 어디서 얻는가? 그것은 사람의 힘으로 얻는 것이 아니고 전능하신 하나님의 은혜로 주어지는 복으로 오는 것이다.

아브라함의 후예들

(창세기 14장)

후덕해 보이는 아브람에게 다른 모습이 있는 것을 보여주는 본문으로 시작되는 말씀이다. 창세기 14장은 해석상 많은 어려움을 주는 부분으로 알려져 왔다. 본문은 세 부분으로 나뉘어져 있음을 본다. 첫째, 1-11절까지는 군사적 행동을 보고하고 있으며 둘째, 12-17, 21-24절의 구출 설화, 셋째, 18-20절의 멜기세덱에 관한 일화이다. 서로 다른 성격의 내용이 복잡하게 얽혀 있다고 본다. 본문의 특징은 아브라함이 구원자의 역활을 충실하게 하며 후기 이스라엘의 종교적 제의가 아브라함에게 뿌리를 박고 있음도 보여준다.

이야기는 시날의 왕으로 시작된다. 시날은 바벨론을 말한다. 확실하게 역사적으로 확인하기 어려운 동방의 왕들이 가나안 지역의 도시 왕들과 어떤 봉신적 관계에 있다가 반역하여 징벌하는 전쟁이라고 본다. 가나안의 왕들도 지금 확인할 수 없는 전설적인 인물들이다. 이러한 여러 민족들을 많이 나열한 것을 보면 역사적 사건으로 확인함에 결코 쉽지 않음을 인정해야 한다.

동방의 왕들이 가나안의 왕들을 무찌르고 결국은 소돔과 고모라를 격파하여 모든 재물과 양식을 빼앗아 갈 때 소돔에 사는 롯도 잡혀가고 재물을 빼앗겼다고 한다. 이러한 사실을 안 아브람은 그의 가신인 군사 318명을 이끌고 '단'으로 가서 기습하고 다메섹 왼편 '호바'까지 올라가 빼앗겼던 모든 재물과 조카 롯과 부녀와 친척을 모두 찾아왔다고 한다. 목자로서 아브람이 어떻게 이처럼 전쟁을 잘 이끌어서 승리하고 마치 기드온의 용사들의 승리처럼 기적을 이루었을까? 우리는 여기서 아브람이 마치 사사시대에 사사들의 영웅적인 구원자의 모습을 보게 된다. 그리고 아브람이 당시 세계사적인 위대한 인물이었음을 새삼 발견하게 된다. 아브람이 아니었다면 롯은 이방 왕들의 희생물로 사라질 뻔한 사건이다.

소돔성에 살았지만 그는 아무런 힘이 없는 무력한 한 인물로 살아왔다. 온전히 남의 처분에 맡겨진 초라한 운명의 사나이가 롯이었다. 아브람의 덕분에 죽어가는 인생이 구출되는 사건이 바로 동방의 왕들의 침입이다.

이야기의 중심이 아브람이지만 롯을 한편 생각하면 그렇게 아브람을 따라다녀도 배운 것이 없구나하는 느낌이다. 위대한 인물을 수행해도 제대로 틀이 잡히는 사람이 있는가 하면 가롯 유다처럼 엉뚱하게 변하는 사람도 더러 있음을 본다. 잔뜩 욕심만 챙기는 어리석음이 아니라 섬기는 자의 속사람을 닮아야 할 것이 아닌가? '후생가외'(後生可畏)라는 말이 있는데 다음 세대의 사람이 가히 두렵다는 말이다. 아브람이 그 뒤에 오는 사람이 가히 두려울 정도로 제구실을 해야 할 테지만 롯은 두려울 것이 없는 사람이다. 분가를 한 후에도 삼촌의 힘에 의지해서 살아간다면 무슨 면목이 있겠는가?

아브람은 못난 조카의 처지를 굽어 살펴 생명을 걸고 출정하여 마침내는 모든 것을 돌이키는 역사를 이루어 낸다. 아브람의 그늘이 얼마나 큰가를 보여 준다. 그래서 그는 많은 복을 받은 사람다운 모습이 도처에서 드러난다.

아브람의 승리는 가나안 지역의 왕들의 환영을 받을 만한 일이었다. 소돔 왕이 영접하고 살렘 왕 멜기세덱도 떡과 포도주를 가지고 나왔다고 한다. 그는 왕이자 "지극히 높으신 하나님의 제사장"이라고 한다. 얼마나 감사한 마음이 들었겠는가? 그는 아브람을 축복하여 "천지의 주재이시요 지극히 높으신 하나님이여 아브람에게 복을 주옵소서"라고 한다. 살렘은 예루살렘을 가리킨다고 할 수 있다. 곧 지극히 높으신 하나님을 믿는 예루살렘의 제사장이자 왕이 아브람을 축복함으로 장차 이스라엘과 다윗 왕가의 믿음과 연결된다. 그 신앙이 서로 가까웠음을 보게 된다.

이스라엘의 국가와 예배의 중심인 예루살렘이 멀리 멜기세덱에 연결되고 다윗 왕가의 한 성소는 그 제사장의 왕권 전통으로 이어진다. 아브람은 이에 그 얻은 것에서 십분의 일을 멜기세덱에게 주었다고 한다. 아브람이 그 축복을 받아들이고 그 예물로써 그를 제사장으로 인정하며 그의 성소를 승인한다. 여기서 십일조의 모습이 정당화되는 것을 볼 수 있다. 그러나 여기서 약간의 불일치는 아브람이 전리품을 자기 것으로 삼지 않는 23절의 말씀을 생각해 보면 십일조를 드림은 이해하기 어렵다.

아브람은 다윗과 그 왕조의 선구자로 축복을 받았고 그가 예루살렘과 그 왕에 대한 의무를 다해 장차 나단 예언처럼 구원의 계획이 뻗어 나갈 문을 활짝 연 셈이다. 그리하여 예루살렘 성전 예배의 뿌리가 아브람이 멜기세덱에게 바친 십일조와 그 축복에 내려져 있음을 보게 된다. 신약성서는 멜기세덱에 관한 이야기를 참 제사장이며 임금이신 예수 그리스도에 대한 예언으로 받아들인다. 참으로 하나님의 궁극적인 계시자인 예수 그리스도로 완성되는 구원의 역사가 그토록 먼 옛날 이스라엘의 대표자로부터 시작하고 있음은 하나님의 놀라운 섭리이다.

마지막으로 아브람은 소돔 왕이 노획물을 취하라는 제의를 하나님께 맹세하면서 거절한다. 그는 말하기를 "네게 속한 것은 실 한 오라기나 들메끈 한 가닥도 내가 가지지 아니하리라"(23)고 한다. 그는 타인의 소유를 얻어서 부하게 됨을 마땅한 일이 아니라 하여 단호히 배격한다. 이것은 다른 임금들이 하는 상례를 깨고 마치 사사들이 보이는 사적인 영달을 물리치는 모습과 일치하고 있다.

믿음의 원래

(창세기 15장)

사람이 하나님 앞에서 할 수 있는 일 가운데 최고의 것이 있다면 이는 신앙이다. 믿음으로 살아간다는 것은 평안으로 살아간다는 말이다. 누구나 믿음 생활을 잘 한다면 평안하지 않을 수 없는 것이다. 왜냐하면 아브람을 향해서 하나님께서 '방패'라는 말을 씀으로 믿는 자는 그 보호 속에서 거하기 때문이다. 하나님은 예나 지금이나 미래를 통틀어 나의 보호막이 되어 주신다. 이 점을 확실하게 알아야 한다. 확고하게 믿지 않으면 담대할 수 없고 담대하지 않으니 두려움이 시시때때로 밀려오는 것이다.

하나님께서 이상 가운데 아브람에게 나타나셨으니 얼마나 두렵고 떨리는 일인가? 안심시키시는 하나님께서 "나는 너의 지극히 큰 상급"이라고 하신다. 사람이 복을 받으려면 아브람같이 받을 때 큰 복을 받았다고 할 것이다. 그런데 아브람은 그 말씀이 오히려 반문하고 싶은 말로 들렸나 보다. 그래서 탄식의 말로 푸념을 늘어 놓는다. 그는 심지어 남들이 다 가지는 상속자도 제대로 갖지 못해 다메섹 엘리에셀을 대신하고 있다고 한다. 하나님이 이 사실을 모르시겠는가? 아브람은 이 처지를 살피시라는 의도를 갖고서 불만스럽게 되 묻고 있다. 아브람이라면 대단한 하나님의 사람인데 이 정도니 사람은 다 하나님 앞에 하찮은 존재에 불과함을 알게 된다. 아브람의 상속자는 적자가 없어 당대의 관습에 따라 종으로 하여금 후사를 삼았다는 하소연이다.

이때에 하나님께서 하시는 말씀은 그가 확실하게 알아 듣도록 "네 몸에서 날 자가 네 상속자가 되리라"고 고쳐 주신다. 아브람 같은 사람도 하나님의 확고한 약속을 미처 모르다가 다시 확인받고 있다. 하나님의 약속의 원대함은 하늘의 별들을 비유해서 무엇인가를 새롭게 깨닫게 한다. 얼마나 구체적인 하나님의 약속인가? 인간은 이처럼 하나님 앞에서 이런저런 불만을 갖지만 성찰해 보면 믿음의 부족이다. 나를 응시하시는 하나님은 끊임 없으시나 성급한 우리는 때로 조급한 마음으로 나가 떨어진다. 한결 같음이야말로 최고의 미덕이 아닐 수 없다. 한번 믿으면 죽으나 사나 믿는 것이다. 아브람은 이제 하나님의 모든 약속을 깨닫고 믿는다. 사실 아브람의 믿음도 하나님의 은혜로운 인도로 이루어지고 있다. 소경같은 우리가 다만 믿겠다고 나설 뿐이지 온전하게 되기까지는 모두가 하나님의 은혜일 뿐이다.

어쨌든 아브람은 이러한 믿음 때문에 하나님이 그를 공의(公義)로 여기신다. 하나님은 이제 그에게 땅의 약속을 더하신다. 후사의 약속이나 땅의 약속은 모두가 백성을 백성되게 나라를 나라되게 하는 크나큰 약속이다. 이는 당초 하나님께서 그 먼길 갈대아 우르에서 아브람을 이끌어 낸 목적이다. 아무렇지도 않은 사람을 왜 불러냈을까? 아브람은 또다시 그 증거를 묻고 있다. 이번에는 짐승을 준비시키시고 그 중간을 쪼개서 약속을 확증하시고 있다. 얼마나 답답하셨으면 이처럼 스스로 얽매이는 약속을 상징적으로 해보이면서까지 확인해 주셔야만 하는가?

그리고 다시 잠든 사이에 등장하셔서 네 자손이 이방에서 객이 되어 사백 년 동안 그들을 섬기리라고 한다. 그리고 이를 하나님이 쳐서 큰 재물을 얻어 나오리라는 말씀과 함께 아브람의 죽음을 암시해 준다. 이러한 일들은 아브람이 모르지만 하나님의 작정한 시기가 되어야 하는 것이다. 이러한 모든 일을 두고서 하나님은 해가 져 어둘 즈음 "타는 횃불이 쪼갠 고기 사이로 지난다"(17절)고 한다. 이것은 약속을 지키는 한 의식이다.

고대사회에서 짐승을 쪼개어 피를 흘리는 그 위로 계약 당사자가 지나감으로 만약 약속을 지키지 않으면 피를 흘리는 일이 있겠다는 보증이다. 다시 말해 죽음으로 맹세하는 것이다. 이처럼 하나님의 약속은 일방적으로 조건없이 친히 약속하시는 확고한 것이다. 그것은 저 솔로몬 왕 때에 넓고 넓은 땅을 후손에게 주신다는 내용이다. 그 땅에는 지금 수없는 이방 족속들이 차지하고 살지만 땅의 주인이신 하나님이 아브람과 그 후손에게 주신다는 약속이다.

하나님은 이처럼 아브람을 부르시고 아브람이 차마 생각하지도 못한 후손과 거대한 땅을 주신다고 확고하게 약속하신다. 이 모든 일이 아브람의 믿음에서 이루어지고 있다. 그가 하나님을 계속해서 의심하고 멀어지는 삶을 산다면 어떻게 그러한 크고 놀라운 약속을 받을 수 있겠는가?

오늘 우리도 이러한 아브람의 믿음을 본받아 주어진 하나님의 약속을 대대로 받아야 한다. 맹자에 보면 "광안택이불거야하며 사정로이불유하나니 애재라"(曠安宅而弗居,舍正路而不由,哀哉!)는 말이 있다. 사람이 사랑이라는 편안한 집을 비우고 살지 않으며 바른 길을 버리고 행하지 아니하니 참 슬프도다라고 한다. 우리 믿는 사람이 살 편안한 집이 무엇일까?

우리가 걸어야 할 바른 길이 무엇일까? 다 버리고 하나님 안에 거하지 않는다면 이는 분명 슬픈 일이다. 편안한 집 중에 집이 하나님의 품안에 거하는 삶이다. 하나님이 가르쳐 준 길이 믿는 사람이 걸어야 할 바른 길이다. 그러한 편안한 집을 버리고 다른데서 살며 그 길을 떠나 헛된 길을 걷는다면 이것은 하나님을 슬프게 할 뿐 아니라 자신을 슬프게 만드는 어리석은 일이다. 아브람은 하나님의 지시대로 살아서 복을 받은 사람이다. 어기지 않은 사람이다.

시장에 나가서 애를 써서 복을 만들려만 하지 말고 믿는 일에 애를 쓰면 복은 몇 배로 더 크게 돌아온다.

나를 살피시는 하나님

(창세기 16장)

아브람은 그의 삶에서 많은 역경을 겪으며 하나님이 어떤 분이신가를 알게 된다. 사람이 한 평생을 살면서 만사가 형통하고 모든 일이 내 뜻대로 되어 간다면 행복하기는 하겠으나 하나님을 찾는 마음이 간절하지 않을 수도 있다. 하나님은 사랑하는 자의 소원을 들으시되 참고 기다리게 하는 모습을 많이 본다. 인간적으로 하나도 부족함 없이 산다면 삶의 전면에 자신이 등장하고 교만함은 하나님과 사람 앞에서 죄악으로 치닫게 하고 말 것이다.

하나님은 의지할 곳 없는 약한 자에 많은 관심을 두신다. 내가 진정 약했을 때에 아버지이신 하나님이 내 곁에 계심을 깨닫게 된다. 보잘 것 없는 나를 찾으시는 하나님이시다. 연약한 우리에게 하나님은 참된 소망이다. 깨친 사람은 그 형편이 좋거나 나쁘거나를 막론하고 한결같이 하나님을 중심으로 살아가는 사람이다. 그것은 사람의 형편이란 것이 알고보면 기댈 것이 못된다.

시편 103편 15-16절을 보면 "인생은 그 날이 풀과 같으며 그 영화가 들의 꽃과 같도다. 그것은 바람이 지나가면 없어지나니 그 있던 자리도 다시 알지 못하거니와"라고 했다. 오늘 있다가 자리를 뜨면 아무런 흔적도 없는 허무하기 짝이 없는 인생이 영원하신 하나님 없이 무슨 소망이 있겠는가?

아브람은 아내 사래의 문제로 한바탕 일이 벌어진다. 그가 제 때에 아이를 생산하지 못하여 고민할 때에 애굽 여인 하갈을 남편에게 준다. 이것은 우리의 풍습과는 달라서 당황스런 일이지만 당시의 관습으로는 흔한 일이었다. 아브람은 아내의 주선에 응하여 하갈로 하여금 잉태하게 된다. 몸종이라면 응당 여주인에게 충성하며 고분고분해야 마땅한데 하갈은 성질머리가 사나운 여인이었나 보다. 잉태함을 내세워 사래를 멸시하는 교만한 태도로 달라졌다. 그것은 우리나라 옛 왕들의 여인 가운데 신분이 낮아도 왕의 아이를 가진 사람이 하루 아침에 몰라보게 달라지는 태도를 보이는 것을 보면 알 수 있다. 하갈은 사래의 약점을 최대한 이용하는 여인의 충동이라 하겠다. 실제로 아들이 없는 집에 둘째 부인으로 들어와서 아들을 낳고 남편을 꼬드겨 본 부인을 모함하고 쫓아내는 일들이 우리 사회에도 있었다. 반면에 부인이 여러 명이어도 의롭게 잘 사는 사람도 있다. 모두가 사람 나름인 것이다.

어쨌든 하갈은 성질이 좀 사나운 편에 속했다고 본다. 사래는 이러한 하갈의 태도에 견디지 못하고 남편 아브람에게 추궁하는 모습을 볼 수 있다. 어쩌면 자신이 주선하여 드린 하갈인데 마치 아브람이 잘못해서 당하는 것처럼 아브람을 탓하고 나선다. 어쨌거나 아브람은 아내의 청을 뿌리치지 않고 모든 권한을 아내에게 위임하여 하갈의 처분권을 허락한다. 사래는 다시 반격하여 하갈을 학대하고 이를 견디지 못한 하갈은 가출하고 만다. 결국 두 여인 사이에 평화는 이루어지지 못하고 갈등이 파국에 이르고 만다.

사래는 당초에 예상을 못했을까? 성질 사나운 하갈을 막다른 길로 내치는 방법 밖에는 다른 길이 없었을까? 한 가정의 평화가 쉽지 않음을 보게 된다. 누구나 자기가 힘이 있다고 생각할 때에 너그러움을 보이지 않으면 억압당하는 자는 소리를 지르고 벗어나려는 것이 살아 있는 존재의 생리이다. 힘이 사래에게 있다가 하갈로 옮기고 다시 사래로 옮겨졌을 때에 두 여인이 보여준 서로를 용인하지 못하는 일방적 태도는 평화 아닌 파국이 전부다.

하갈이 광야의 샘길 곁에서 하나님의 사자를 만난다. 사자는 곧 하나님을 지칭하는 것으로 볼 때에 하나님이 그에게 묻는다. "사래의 여종 하갈아 네가 어디서 왔으며 어디로 가느냐 그가 이르되 나는 내 여주인 사래를 피하여 도망하나이다"(8절). 물음이 "사래의 여종"이라고 물었으며 대답이 "내 여주인"이라고 하여 그의 소속이 어디여야 함이 분명해진다. 하나님은 광야로 도망치는 하갈을 찾아 나서시고 소속을 확인해 주며 설득하시는 자상한 분이시다. 어찌 그 불쌍한 형편을 외면하시는 분이시겠는가? 달래고 길을 열어 주시는 하나님의 사랑은 아무도 흉내낼 수 없는 것이다. 돌아가서 그 수하에 복종하라고 하신다. 그러면서 그에게도 그 자손이 번성하며 아들을 낳아 이름을 이스마엘이라고 지으라고 당부하신다. 이것은 곧 하나님이 그의 고통을 들으셨다는 뜻에서 그런 이름을 주신 것이다. 그러면서 그는 들나귀 같이 되어 삶이 항상 싸움이 그치지 않을 것을 또한 예고하신다. 이스마엘은 베드윈 족의 뿌리로서 남방을 떠도는 유랑족의 조상이다. 오늘의 아랍족은 그들의 시조가 이스마엘이라고 코란에 언급한대로 받아들이고 있다. 하갈의 이야기는 제의사적, 종족사적인 원인론과도 관련이 있는 이야기이다.

하갈이 성질이 사나워 그 멍에를 뿌리치고 반항적인 태도로 나온 것처럼 하갈의 후손들도 역사에서 수없는 문제를 야기하지만 하나님은 그들을 보호하시고 살 길을 인도하심을 볼 수 있다. 우리가 못되었다고 생각하는 사람까지도 자상히 살피시고 은혜를 베푸시는 그 사랑을 잊어서는 안 된다. 그러나 약속이 주어진 백성과는 다르며 하갈의 아들이 아닌 사래의 아들로 이어지는 약속을 볼 수 있다. 결국은 아브람 가정은 인간적으로 하갈을 통해서라도 약속을 성취 받고자 했지만 이것은 어디까지나 사람의 계획이었다. 하나님은 인간의 계략으로 그 뜻이 이루어지지 않고 오직 당신의 계획 안에서 이루어짐을 보여 주신다. 사람이 급하다고 하갈을 내세우는 식의 임시 방편으로 되는 일이 아니다.

그래서 하나님의 뜻을 기다리며 사는 일은 길고도 험한 길인지도 모른다. 결국은 모든 것이 하나님께로 돌아가기 마련이다.

네 하나님이 되리라

(창세기 17장)

하나님의 아브람에 대한 영원한 약속이 포로기의 이스라엘 백성에게 새롭게 전해지고 있다. 그래서 흔히 P문서라는 말을 학자들 간에 사용하고 있다.

17장의 구조를 보면 1절에서 하나님의 등장과 22절의 떠나심이 대응하며 이 틀 안에서 모든 이야기가 이루어지고 있다. 들어가는 말은 약속이 있는 간단한 명령과 그 응답으로 이루어지며 본론에서 약속(3-8절), 명령(9-14절), 약속(15-21절)으로 되어 있다. 다시 말해 이 장에서는 하나님의 약속이 그만큼 중요한 역활을 하고 있음을 알 수 있다. 그리고 하나님의 명령도 약속에 기초하고 있음을 보게 된다. 다시 말해 명령을 위한 명령이 아니고 약속을 중심으로 그에 따르는 명령이 주어진 것이다. 그렇다면 하나님의 아브람에 대한 약속이 얼마나 큰 가를 단적으로 보여준다. 그래서 약속은 이 17장의 중심 사상에 해당한다. '브리트' 라는 약속 혹은 계약에 해당하는 말이 13번이나 나온다.

하나님은 먼저 등장하시면서 아브람에게 "너는 내 앞에서 행하여 완전하라"(1절 하)고 하신다. 이는 살아가면서 늘 하나님의 존재를 의식하고 하나님만을 의지하는 삶을 말한다. 이것은 사람으로서 도덕적으로 완전성은 아니다. 과연 그럴 사람이 얼마나 되겠으며 그렇지 못한 사람은 의미 없는 삶이 되고 말 것이다. 대신 하나님과의 관계성이 있는 말이다. 일편단심으로 하나님만 바라고 다른 마음을 품지 않는 순전한 마음을 말한다고 본다. 이 약속에 따르는 복은 다름아닌 "너를 크게 번성하게 하리라"(2절 하)는 말이다. 다시 말해 많은 후손을 주시겠다는 약속이다. 평생을 떠돌아 다니며 살아온 삶인데 그에게 크게 번성하리라는 약속은 꿈만 같았을 것이다. 이러한 모든 명령과 약속이 오직 하나님 혼자서 하신 것이다.

가타부타 아브람의 반응이 있기 전에 하나님이 주도적으로 세우신 약속이다. 아브람은 그럴만한 처지가 되지 못하였지만 아무런 대답도 없이 그저 엎드려 있었다. 이 하나님 앞에 엎드림은 말로 할 수 있는 모든 것을 의미한다. 그가 여러 민족의 아버지가 되리라는 것은 야곱과 그 후손 그리고 수없는 하나님을 믿는 사람들을 의미한다고 볼 수 있다. 이러한 획기적인 사건을 통해서 그는 열국의 아비를 뜻하는 새 이름 아브라함을 부여 받는다. 이 모두가 전적으로 하나님이 선택의 일환으로 이루어진 일들이다. 아브라함은 아무것도 모르고 그저 하나님의 인도하심에 따라가는 모습이다. 아브라함은 이처럼 오직 하나님의 이끄심으로 새로운 지위로 상승하는 셈이다. 그는 이제 명실상부하게 이스라엘의 아버지요 많은 민족들의 아버지가 된 것이다.

6절에서는 다시 그를 "심히 번성하게 하리라"는 말을 듣는다. 이 말은 땅의 약속도 중하지만 더 중한 것이 후손의 중다함이다. 포로기의 백성들은 땅의 문제가 절실하겠지만 그보다 더 중한 것은 하나님이 이스라엘이 어디에 처하든 그들을 돌보시고 후손을 번성하게 하리는 약속으로 힘을 실어주고 있다. 하나님은 이러한 약속을 세우시면서 아브라함과 이스라엘이 언약을 지킬 것을 명하신다. 자자손손이 이 약속을 지키라는 것이다. 하나님에 의해 선택 받은 사람은 그 은혜에 응하여 하나님의 지시에 순종해야 한다. 이 응답의 표시가 다름아닌 할례라는 행위이다. 그것으로 약속의 표징을 삼으시겠다는 것이다. 실로 포로기의 이스라엘 백성들의 하나님 백성됨의 단적인 표시가 할례로써 얼마나 할례가 강조되었는지 모른다. 하나님은 이 할례로 하나님 백성됨의 구분을 삼으시겠다는 것이다.

사실 포피를 자르는 일은 가나안과 고대 중동과 기타 여러 지역에서 흔히 행해지는 일이었다. 그러나 이것을 통해서 하나님은 계약 백성의 표시로 삼으신 것이다. 그들은 이것을 통해서 신앙고백적인 일, 야훼 하나님의 역사의 주인 되심을 고백하는 일이 되었다. 그래서 여타 다른 민족이 행하는 그것과는 질적인 차이가 있는 것이다. 할례는 그들의 신앙 중심과 밀접한 관련을 가진다. 할례는 단순히 계약의 표징으로서 하나님을 고백하고 그분을 받아들이는 행위로 이해된다. 그럼에도 할례는 사실상 제의와는 전혀 관련이 없는 의식이었다. 계약의 표징이기 때문에 이를 거부한다면 계약을 어기는 무서운 일이 아닐 수 없다.

이어서 하나님은 사래에게도 새로운 이름을 부여함으로 약속에 포함하고 있다. 그리고 이어서 아브라함의 의심하는 행동이 나온다. 아브라함은 엎드려서 웃었다고 한다. 백세나 되고 아내도 구십세나 되었는데 무슨 낙이 있겠는가 하는 의심과 함께 다만 이스마엘이나 하나님 앞에서 살기를 원한다는 말을 한다. 그러나 이는 하나님에 의해서 수정되면서 사라를 통한 아들 이름까지 지적해 주신다. 아브라함은 참으로 믿음이 있는 사람으로 여겨지지만 여기서는 믿음 없는 모습의 아브라함을 보게 된다. 세상에 100% 완전한 사람은 없음을 깨닫는다.

그러나 하나님은 그러한 실망스런 모습에도 실망하시지 않으시고 그의 은혜를 베푸신다. 그분의 절대 주권으로 아브라함의 불신앙을 넘어서고 계신다. 하나님의 은총의 광대함은 말로 할 수 없는 넓고 큰 것이다. 하나님의 약속 앞에 인간의 불신앙도 막아 설 수 없다. 하나님의 이 모습 때문에 오늘 우리가 살아가는 것이다. 아브라함도 견디지 못하는 신앙을 우리라고 무슨 특별한 것이 있는가? 오직 하나님의 은혜로 오늘도 그 분 앞에 서 있는 것이다.

아들을 낳으리라는 하나님의 말씀에 아브라함은 그의 믿음이 초라함을 부끄럽게 생각하며 하나님의 주어지는 계획을 듣는다. 그것은 이삭과 이스마엘에 이르기까지 하나님은 크고 놀라운 각각의 복을 주시겠다는 것이다. 이렇게 되어서 아브라함은 쑥스럽지만 부끄러움을 접고 말씀을 순종하고 나선다. 그것은 몸소 그리고 아들 이스마엘이 할례를 받았고 집안의 모든 남자들이 할례를 받았다.

하나님의 압도적인 은혜로 제자리를 찾은 아브라함과 그 후손의 앞날에 찬란한 복이 기다리고 있다. 사람은 하나님의 은혜로 살아간다. 우리의 믿음도 알고보면 하나님의 은혜로 이루어진 것이다. 모든 것이 하나님에게서 나온 것이다. 감사함으로 받자.

하나님께 능치 못할 일이 있겠느냐

(창세기 18장)

어떠한 세상이 와도 하나님 안에 거하는 사람은 안전하다. 세상은 세차게 변하고 또 변해 약한 인생이 감당하기란 때로 버겁다. 잔잔한 물가에서 노는 것은 어려운 일이 아니다. 그러나 거듭 밀려오는 파도는 약한 사람에게 여간 힘든게 아니다. 인생은 어쩌면 거듭되는 파도타기와 같다고 하겠다. 어떻게 해야 하는가? 즐기는 것은 힘이 있는 사람의 말일 것이다. 그러나 진정으로 삶을 즐길 수 있는 사람은 하나님을 알고 믿으며 사는 사람이다. 왜냐하면 세상에 안전함이란 없기 때문이다.

본문의 말씀은 죄악으로 물든 소돔과 고모라가 몽땅 멸망하는 꼴을 통해서 인생사가 얼마나 허망한 가를 단적으로 볼 수 있다.

먼저 하나님이 아브라함을 마므레 상수리 수풀 근처에서 나타내신다. 세 사람이 나타났다고 한다. 교부들이 삼위일체 하나님으로 보았지만 이는 지금에 와서는 받아들여지기 어려운 견해로 본다. 오히려 분명치는 않으나 야훼 하나님이 두 천사를 대동한 것으로 본다. 아브라함은 성정이 바른 사람인지라 정중하게 이 손님들을 맞이 한다. 지금 사람들에게는 어려운 일의 하나이지만 옛적 동방 사람들에게는 흔히 있는 손님맞이의 태도였다.

히브리서 13장 2절은 "손님 대접하기를 잊지 말라 이로써 부지중에 천사들을 대접한 이들이 있었느니라"고 한다. 손님 대접을 잘 해야 되겠다. 아브라함은 온 집안 식구를 동원해서 융숭하게 세 사람을 대접한다. 발을 씻기고 휴식을 취하게 함은 이를 잘 대변한다. 그리고 아내인 사라까지 동원해서 떡을 만들게 하고 짐승을 잡는다.

이야기는 본론으로 들어가고 있다. 손님들이 아브라함에게 사라가 어디 있는가를 물으면서 내년 이맘 때에 아들을 두리라고 말한다. 문제는 이 소리를 사라가 뒤에서 들었다는 데에 있다. 이소리를 들은 그는 이미 생산할 나이가 지났기에 속으로 웃고 늙은이 들이 무슨 즐거움이 있겠느냐고 한다. 사라의 웃음의 의미는 무엇인가? 단순히 그가 신앙이 없어서 웃었다고 볼 수는 없다.

그러나 어쨌든 하나님은 그를 노엽게 나무라고 있다. 이렇게 함으로 사라 같이 하나님을 믿는 사람도 의심할 정도로 확실한 능력을 가진 것을 크게 나타내는 효과가 있다고 하겠다. 하나님를 믿는 사라는 얼른 자신의 실수를 감추려고 깜찍하게 시치미를 떼고 있다. 이것은 하나님이 능치 못할 일이 없다는 것을 평생을 통해서 고백한 그였기에 잠간 사이에 스쳐간 불신앙을 부끄러워하는 태도의 한 모습일 것이다. "내가 웃지 아니하였나이다"에 "아니라 네가 웃었느니라"(15절)고 하여 부정하지 못하게 한다. 하나님의 사자의 꾸중은 이삭이라는 이름에 대한 암시이기도 하다.

아담과 이브를 생각해 본다. 우리는 흔히 하나님 앞에서 크고 작은 실수들을 급한 마음으로 돌려대는 것이 생각난다. 하나님 앞에 숨길 것이라곤 세상에 없는 것이다. 그럼에도 사람은 쫓기면 스스로 살 길을 찾으려는 어리석음이 더러 신앙인에게도 보인다. 믿는 사람들은 세상이 변하고 험해도 편안함은 전능하신 아버지 하나님이 우리와 함께 하기 때문이다. 나를 위하시는 하나님이 능치 못함이 없으신 하나님이심을 날마다 의식하며 살아야 한다. 더 의지하고 더 굳게 믿으면 잠간이라도 의심이 틈탈 여가가 없다. 믿음은 온전히 능하신 하나님께 맡기는 것이다. 근본적으로 나의 모든 일은 하나님이 하시지 내 계획이나 생각으로 되지 않는다. 사라가 웃은 것은 속으로 가만히 웃은 것이다. 그래도 그는 이것을 뉘우치고 있다. 온전한 믿음, 온전한 의지가 우리에게 절실히 요구되고 있다. 그래서 목숨걸고 믿는 것이다.

이제 이야기는 소돔으로 돌아간다. 손님들이 소돔으로 내려가며 하나님께서 아브라함에게 그 계획을 알려 주신다. 다시 한번 아브라함에게 주어질 복을 상기하면서 소돔에 죄악이 가득함을 보시겠다고 하신다. 야훼 하나님의 법도를 지키는 공의와 정의가 문제 되고 있다. 야훼께서는 온 세상의 법의 수호자로 나선 것이다. 여기에 아브라함은 나서고 있다. 많은 주석가들은 아브라함이 소돔을 위해 중재 기도를 드리고 있는 것으로 해석하였다. 그러나 베스터만은 이 단락에서 기도의 언어 요소가 없음을 지적하며 달리 해석한다. 하나님의 심판을 이미 기정 사실로 인정한다.

하나님이 악한 자들을 심판하심은 당연하지만 의로운 사람들의 심판은 이해하기 곤난하다는 것이다. 그의 질문 중심은 의로운 사람들에 관한 것이다. 공정하신 하나님이 의로운 자들에게 고통 당하게 하심에 관심을 가지고 있다. 그는 무엇에 의해서 소돔이 심판을 받는가? 다수의 악인가 아니면 소수의 무죄인가? 그는 모든 것을 조목조목 따질 권리가 없음을 잘 안다.

그러나 은혜로 친절히 대답하시는 하나님 앞에서 용기를 얻어 자꾸만 질문하고 있다. 그는 하나님이 은혜로우시며 너그러우시니 이로써 적은 수의 의로운 사람들을 위해서 다수의 죄인들의 심판 유예도 할 수 있으리라는 생각까지 가졌을 수도 있다. 하나님은 심판

의지보다는 구원 의지가 훨씬 크시지 않은가? 그는 열 명까지 내려가는 심판의 안타까움을 보여 준다. 열 명은 집단의 최소 단위이다. 그보다 더 작은 수의 의인이 있다면 그들은 개별적으로 구원을 받을 수 있을 것이다. 소돔성이 망하는 데는 하나님의 의에 의해서 이루어진 공정한 심판이다. 아브라함은 하나님 앞에서 심판의 공정성을 계속적으로 묻게 하신다. 이에 대해서 하나님은 의인을 악인과 함께 파멸시키지 않으리라는 사실을 확증하신다.

인간은 누구든 "야훼의 도를 지키고" 아울러 "의와 공도를 행하라"는 가르침을 확실하게 보여준다.

아브라함을 생각하사

(창세기 19장)

아브라함이 얼마나 큰 사람인가는 여러 사람과 사건을 통해서 증명된다. 자고로 위대한 사람 밑에는 덕을 보는 사람이 많다. "금강산 그늘이 관동 팔십리"라는 말이 있다. 관동지방 일대가 금강산의 풍치를 이루어 아름답게 보인다는 말이다. 큰 산 주변이 이럴진대 사람도 큰 사람으로 인해 수없는 사람이 은혜를 받는 것이다.

롯이 인간적인 생각으로 하나님의 은혜에 온전히 들지는 못했지만 삼촌 아브라함 때문에 그나마 구원의 반열에 드는 것을 본다. 롯이 어느날 그가 사는 유명한 소돔성의 문 주변에 어슬렁 거리다가 손님인 두 천사를 만난다. 마음이 아브라함에는 미치지 못해도 좋은 편인지라 어떤 사람인지도 모르고 마다하는 손님을 굳이 집으로 맞아 공손히 대접한다. 3절에 보면 롯이 "간청하매…"라고 한다. 이것은 전날 아브라함을 방문한 천사처럼 롯을 만나게 된 것이다.

그런데 천사들의 방문의 목적이 다르다는 점에서 차이가 있다. 아브라함에게는 구원을 위한 방문이었고, 롯에게는 심판을 위한 방문이었다. 롯은 아브라함의 정성에는 미치지 못해도 깜냥으로 장만

해서 대접한다.

그런데 문제는 잠자리에 들려는 사이에 일어난다. 소문에 듣던대로 어중이떠중이들이 모여드는데 오뉴월의 똥파리같이 모여 들었던 것이다. "오늘 밤에 네게 온 사람들이 어디 있느냐 이끌어 내라 우리가 그들을 상관하리라"(5절). 못된 것들은 하는 짓마다 죄악이다. 말씀하시기를 마음에 쌓은 것에서 행한다고 하지 않았던가? 롯은 난감했을 것이다. 그래서 문 밖으로 나가 악을 행하지 말기를 권하면서 정히 그렇다면 시집 갈 두 딸을 내어 주겠다고 사정한다. 이말을 들으면 지금 사람으로서는 이해하기 곤난한 말이 아닐 수 없다. 세상에 손님을 보호하려고 금쪽같은 딸을 내놓다니 말도 안 되는 소리를 하고 있다. 당시 손님에 대한 신성불가침은 이같이 철저했음을 본다. 그러나 모여든 사람들은 호락호락 물러날 사람들이 아니었다. 오히려 타관내기 주제에 주인처럼 이래라저래라한다고 하면서 일언지하에 물리치고 만다.

분위기는 아주 긴박하게 되었다. 그때에 문안의 사람들이 그를 들어오게 하고서 무리들의 "눈을 어둡게" 하여 뒤범벅이 되게 했다고 한다. 천하없는 모리배도 눈이 보이지 않으면 쓸모없는 지경에 이른다. 아마 그들은 생전 처음 이런 일을 당한다고 생각하며 기겁했을 것이다. 아무리 모진 사람이라 해도 제 몸에 치명적인 이상이 오면 마음은 곧 약해지기 마련이다. 그들은 갑자기 눈이 보이지 않는 일은 생전 처음 맞는 일이었을 것이다. 하나님이 한 번 진노하면 세상에 견딜 자가 없는 것이다. 모리배를 그렇게 물리치고 손님들은 롯에게 가족과 친지를 성 밖으로 이끌어 내라고 한다.

그러나 정혼한 딸들의 사위는 성의 멸망의 예고를 농담으로 여겼다고 한다. 이는 마치 사라가 하나님의 사자로부터 아들이 있으리라는 예고를 우습게 여긴 것과 흡사하다. 그는 하나님의 은혜의 약속을 우습게 여겼지만 지금 사위들은 하나님의 심판의 예고를 농담으로 여기는 것이다. 결국 농담으로 여기다가 그들은 죽고 말지 않았는가?

롯은 아내와 두 딸을 데리고 성문 밖으로 나온다. 얼마나 힘든 탈출이었는가? 모든 것이 없어진다는 생각을 하면 도저히 떨어지지 않는 발이었다. 그러나 사자들은 손을 이끌어 내면서 화급함을 알린다. 그리고 절대로 돌아보지도, 쉬지도 말고 산으로 도망하라고 한다. 그러나 그는 작은 성으로 피신하게 해달라고 애원을 하고 그의 소원이 그대로 받아들여진다. 그곳이 소알이라는 이름을 가지나 아직까지 확인되지 않는 지명이다. 그리고 나서 소돔과 고모라는 유황불비가 쏟아진다. 이것은 하나님의 전통적인 심판 행위를 나타내는데 쓰여지는 전형적인 표현이다. 얼마나 심하게 내렸으면 지금도 사해 부근에서 아스팔트와 유황의 퇴적물들이 발견되고 있다고 한다. 사해에 대해 어느 지도를 보면 '아스팔트의 호수'(Lake of Asphalt)라고 표기한 것을 본다.

여기서 특이한 것은 고모라가 갑자기 등장하는 점이다. 지금까지 고모라에 대해서는 아무 말도 없다가 고모라가 소돔과 함께 망하는 도시가 된다. 지금 망해버린 성은 일반적으로 사해 남부로 보고 있다. 한때는 부요를 누리며 문명도시를 자랑하던 도시가 혹독한 심판에 바다 밑에 가라앉는 일이 일어났다.

그런데 롯의 아내가 하나님의 명령을 어기고 뒤를 돌아보다가 소금기둥이 되는 안타까운 일이 일어난다. 지금도 사해부근에 소금기둥들이 보이는데 롯의 아내를 생각하게 한다. 이것은 '금지-위반-징벌'이라는 틀을 보여주는 바 금지명령(taboo)을 부각시키고 있다. 롯의 아내는 소돔성이 어떻게 되는가를 몹시 보고 싶었을 것이다. 그래서 잠깐 돌아 본 것 뿐이었는데 그만 돌이킬 수 없는 화가 될 줄이야.

하나님의 심판에는 인간의 호기심이 설자리가 없으며, 구원 받은 자는 구원으로 만족해야지 뒤에 두고온 것들을 아쉬워 해서도 안 되는 것이다. 물빠진 놈 건져주니 보따리 내노라는 심보는 죽어 마 땅한 태도이다. 정신 못차리는 사람은 지옥문 앞까지 갔다와도 정신을 못 차릴 것이다. 오늘 우리는 사해 부근을 지나면서 소금기둥과 소돔성을 상상하며 죄 지은 사회가 어떻게 되는가를 곱씹지 않을 수 없다.

모든 일의 끝에 아브라함의 이야기가 곁들여지고 있다. 29절은 하나님이 심판하실 때에 "아브라함을 생각하사" 롯을 구원하셨다고 한다. 8장 1절의 물의 심판에 하나님께서 "노아를 생각하시어"라는 문구가 있다. 하나님은 이처럼 노아나 아브라함에게 주신 약속이 얼마나 중요하게 생각하시는가를 단적으로 보여주고 있다.

30절 이하는 롯의 딸들이 롯에게서 자녀를 얻는 이야기이다. 이야기는 근친상간이라는 지극히 당황스런 이야기이다. 아브라함의 부부가 대를 이으려고 비상수단을 쓰는 모습처럼 롯의 딸들이 참으로 궁색한 방법으로 자녀를 얻어 대를 이으려는 것이다. 결국 그들은 아비를 술취하게 하고 동침하여 자녀를 얻는다. 그들은 이 방법이 잘못되고 어떤 대가가 치루어질 것이라는 짐작은 했어도 여인으로서 인정을 받고 싶은 욕망에서 이루어진 일이다. 그래서 후손이 없는 것보다는 근친상간으로라도 후손을 얻는 것이 작은 악이라고 생각했다. 결국 그들은 자녀를 얻고 그 후손이 모압 족과 암몬 족의 기원이 된다. 지금 이스라엘과 앙숙 관계에 있는 모압, 암몬은 그런 치욕스런 사건으로 생긴 족속이라는 비밀스런 이야기로 위안을 얻는다.

그러나 이렇게 난 아들들은 공개적으로 자신들의 어머니의 영웅적인 행동과 그 혈통의 순수성을 자랑스럽게 공포하고 있다고 궁켈은 말한다. 롯이 옮겨와 사는 곳에 딸들이 혼인할 대상이 없다면 롯과의 관계가 불가피한 일이 아닌가라고 묻는 것이다. 근친상간은 칭찬받을 만한 일은 아니지만 그렇다고 아무 대책없이 있다가 멸종되는 것보다는 낫지 않은가라고 묻는다. 그 모든 일의 판단을 제하고라도 근친상간에 의해 롯의 인생은 내외적으로 엄청난 파산에 이른다.

본문에서는 윤리적인 판단을 유보하지만 약속된 백성의 조상이 되어 하나님의 은혜 가운데 있는 아브라함에 비해 롯은 그 구원의 길에서 완전히 이탈하는 것을 볼 수 있다. 하나님의 백성 이스라엘에 비하여 모압이나 암몬이 이처럼 치욕스런 과거가 있고 그럼에도 하나님은 떨어져 나간 이스라엘의 친척들에게 관심과 동정이 베풀어지고 있다.

하갈이 약속의 자녀는 아니나 하나님의 동정과 관심 안에 머문 또다른 족속의 어미가 되었듯이.

아브라함의 부끄러움

(창세기 20장)

부인을 빼앗기는 가장 슬픈 이야기가 있다고 하면 단연 우리야를 들 수 있다. 왜 그는 이런 슬픈 이야기를 남기고 사라졌는가? 밧세바는 진정 우리야의 아내가 아니였단 말인가? 아내를 빼앗기는 주제의 이야기는 창세기에 3번에 걸쳐 나온다. 대개 연구가들은 하나의 이야기가 상이한 상황에서 새롭게 해석되는 것으로 본다.

20장의 본문은 창세기 12장의 이야기를 신학적으로 다르게 채색되었다고 할 수 있다. 보다 사려 깊고 예민하며 세련된 모습으로 독자를 대하고 있다고 볼 수 있다. 아브라함은 그 아내와 함께 남방지방인 그랄에 이르게 되었다. 어떻게 만나게 되었는지는 몰라도 그는 그랄 왕 아비멜렉을 만나게 된다. 그는 아내의 문제로 고민하는 모습도 없이 대뜸 누이라고 한다. 저항 한 번 못해 보고 데려가도 무방하다는 무능한 모습만 보여준다. 아비멜렉으로 하여금 데려 가도록 길을 열어주고 있는 셈이 아닌가? 아브라함이 사라를 내 누이라고 함은 고대사회의 풍습에 따라 실제로 이복 누이임을 생각하면 결혼이 가능했던 것이다. 물론 나중에는 금지되었으나(레 18:9, 11;

20:17) 다윗 왕 때까지도 가능했었다(삼하 13:13). 따라서 옛풍습에 따라서 보면 그리 탓할 만한 것도 아니다.

어쨌든 아브라함의 내키지 않는 허락으로 사라는 아비멜렉의 궁으로 들어간다. 밤이 되어 일이 그르칠 판에 하나님이 아비멜렉에 현몽하여 "네가 데려간 이 여인으로 말미암아 네가 죽으리니 그는 남편이 있는 여자임이라"(3절 하)고 경고한다. 하나님께서 이방 사람에게 나타나심도 참으로 이례적인 일이 아닐 수 없다. 아마도 일이 긴박하게 돌아감을 암시하고 있다고 본다. 이러한 현몽에 아비멜렉은 이를 묵살하며 고집부리는 자세를 보이지 않고 선뜻 그의 뜻을 접고 뒤로 물러나고 있다. 오히려 신앙심이 있는 사람처럼 "주여 주께서 의로운 백성도 멸하시나이까"(4절 하)라고 하며 무죄의 용서를 바라고 있다.

그리고 더하여 아브라함도 사라도 그 문제에 아무런 하자가 없음을 이미 실토했다고 한다. 그러니 "나는 온전한 마음과 깨끗한 손으로 이렇게 하였나이다"(5절 하)라고 증명한다. 사실과 별다른 것이 없음을 아시는 하나님은 그를 인정하고 여인의 보호 의지를 본 뜻으로 알려 주신다. 이쯤해서 모든 일이 다행이니 이제는 사라를 선지자인 아브라함에게 돌려 보내라고 하신다. 만약 그렇지 않으면 죽는다는 말씀을 하신다. 큰 일을 저지를 뻔한 아비멜렉은 아침을 기다렸다는 듯이 모든 종들을 불러 자초지종을 이야기하고 아브라함을 따로 불러 왜 죄에 빠지게 내버려 두었냐고 항변한다. 아비멜렉은 분명 하나님을 믿는 사람은 아니다.

그러나 마치 신앙심이 두터운 사람의 말투이다. 믿음의 사람이 멋모르고 저지른 죄 다음에 억울해하는 모습이다. 적어도 죄악을 앞에 놓고 치를 떠는 사람은 하나님의 용서를 받을 가능성이 있는 사람이다. 그러나 저지른 죄악에 원통함도 없다면 이는 하나님 앞에 아무것도 기대할 수 없는 절망의 사람이다. 아비멜렉의 진심은 차치

하고 이런 정도의 말을 함으로써 곁에 있는 아브라함을 부끄럽게 하고 있다. 아브라함은 드디어 말하기를 이곳 사람들은 "하나님을 두려워함이 없으니"(11절)라고 하면서 생명의 위협을 실토한다.

하나님을 두려워 함은 하나님에 대해 외경과 존중으로 신앙의 모든 것을 나타내는 말이 아닌가. 평생을 하나님 두려워함으로 살아간다면 그 계명과 말씀을 순종하지 않을 사람이 어디 있겠는가? 두려워함을 넘어서 마침내는 하나님을 기뻐하는 날이 이르도록 살아가는 것이 믿는 자의 행복이다. 그러면서 아브라함은 사라가 자신의 이복 누이됨을 확인해 준다. 아브라함의 체면이 어느 정도는 서게 되었는지 모른다.

그러나 이방 왕의 충직한 모습에 비하여 그는 비록 방랑자적 삶의 위태로움 때문에 별수 없었다는 변명은 아쉬운 대목이 아닐 수 없다. 더구나 아비멜렉은 사라에 대한 실례의 댓가로 영예와 호의를 풍성하게 베풀고 있다. 그래서 양과 소와 종들을 주고 땅을 마음대로 차지하여 살라는 배려는 어설픈 변명을 더욱 가볍게 하고 있다. 사라에게 은 천개를 주고 그것으로 모든 사람 앞에서 "네 수치를 가리게 하였노니"(16절)라고 하였으나 실은 눈 가림을 하여 모든 것을 벗게 하는 배려를 잊지 않는다. 다시말해 이전의 불미스런 일을 깨끗하게 씻어내는 법률적인 용어로 사라 주변의 모든 사람의 생각에서 수치스런 부분을 없애 주려는 의도를 보인다. 참으로 많은 것을 후회하고 있는 아비멜렉이다. 아브라함은 가벼이 지나는 문제를 아비멜렉은 심각하게 생각하여 철저한 씻음을 통한 회복을 원하는 태도라 하겠다.

이쯤되니 아브라함은 하나님께 기도하고 하나님은 그 모든 일의 선후를 아시고 왕의 가문에 내린 무거운 벌을 거두어 들인다. 태를 닫으신 하나님께서 다시 출산하도록 하신 것이다. 모든 이야기는 이렇게 하여 끝나게 된다.

오늘의 본문은 선조모의 위기를 다루는 이야기를 통해서 어떻게 이방인 왕이 죄악에서 벗어나고 신앙적인 모습을 갖게 되는가를 보여준다. 저자는 아마도 당시 이 이야기를 깊게 묵상하면서 보편적 사유로 나아가고, 이야기를 보다 풍요하게 해석하고 있다. 이방인도 아브라함 같은 하나님의 사람을 부끄럽게 하기까지 하나님 앞에서 달라지는 모습을 보여준다. 하나님은 어떤 사람이든 죄를 뉘우치고 순종하면 그 넓으신 은혜로 다가오심을 알게 된다.

하나님을 참으로 알고 그 앞에 나아가며 말씀 안에 사는 일 만이 인생의 참된 행복이다.

만민의 하나님

(창세기 21장)

하나님께서 인간을 이끄시는 것을 보면 구원을 베푸시고 복을 주시려는 뜻이 분명하게 드러난다. 그에 반하여 인간들은 그 뜻을 저버리고 방황하는 것을 볼 수 있다. 하나님을 알고 따르는 일이 가장 좋은 길 이건만 타고난 욕심 때문에 어리석음에 빠지고 한없이 하나님으로부터 멀어지고 있다. 하나님을 벗어나면 구원의 희망은 사라진다.

본문은 약속의 자녀인 이삭이 출생하는 것을 볼 수 있다. 사람들은 희망을 가질 수 없는 나이에 노 부부에게 어린아이가 태어난 것이다. 하나님이 하시는 일이기에 가능하다지만 사람으로 치면 사라처럼 웃지 않을 수 없는 일이다. 아브라함이 백세에 얻은 아들이니 증조나 고조 할아버지라 불러도 되는 아버지이다. 얼마를 키우다 헤어져야 할 부자지간일까? 생각하면 대책이 서지 않는 일이 그 가정에 일어난 것이다. 그러나 하나님은 약속하신대로 사라에게 그런 아들을 주셨다. 이미 아브라함은 그의 종 하갈을 통해서 이스마엘이라는 아들을 얻었지만 사라에게서 적자를 얻고 보니 기쁘지 않을 수 없었다.

그래서 그는 생존율이 낮은 당시에 애지중지 잘 키워서 서너살이 되어 젖을 떼게 되었다. 젖을 떼는 날은 관례대로 모든 사람을 모아 놓고 큰 잔치를 베풀었다고 한다. 어느정도 여물어서 이도 나고 밥도 씹을 만큼 되었다는 말이다. 이제는 젖살이 빠지고 본 얼굴이 드러날 때가 된 것이다.

그런데 문제가 없는 것이 아니었다. 사라가 볼 때에 하갈의 아들이 이미 장성하여 아브라함의 대를 잇고 상속을 받을까 두려운 것이다. 이런저런 근심 속에 살던 사라가 어느 날 하갈의 아들 이스마엘이 이삭을 놀리는 것을 보았다. 그런 일이 수없이 있었겠지만 이것은 그가 트집을 잡을 하나의 단서가 되었다. 다시 말해 이스마엘이 아브라함에게서 떠나야만 안심하고 아브라함의 대를 잇게 되는 것이다. 그래서 사라는 남편에게 종용하여 모자를 내쫓으라고 한다. 아브라함의 태도를 보면 무던한 성격을 가진 사람으로 집안의 평화를 바라는 사람처럼 보인다.

그러나 사라가 이처럼 집요하게 다그치는 바람에 근심하지 않을 수 없었다. 가정의 평화를 걱정하게 된 것이다. 그럴 때에 하나님이 아브라함에게 말씀하시기를 사라의 말을 들어주라고 한다. 루터는 사라의 소행을 옹호했지만 사실 인간적으로는 모진 행위라고 보아야 할 것이다. 루터는 사라가 성령에 따라 말했으며 하나님의 약속을 믿은 행위하고 풀이했다. 어쨌든 사라의 요구는 겉으로는 하나님의 계획과 맞아 떨어지고 있다. 남편과 아버지된 아브라함은 마음이 약했을 것이지만 하나님의 계획은 엄연히 존재하고 이것이 다만 사라의 입을 통해서 구체화 되는 모습이다.

하나님의 요구를 따라서 아브라함은 아픈 마음을 감추고 길 나서는 하갈과 아들의 뒷바라지를 하고 있다. 그들은 브엘세바 광야에 이르고 거기서 갖은 고생을 한다. 물을 얻지 못해 목말라 죽을 지경이 된 것이다. 버려진 바나 다름아닌 모자에게 자비하신 하나님이 나타나셔서 "하갈아 무슨 일이냐 두려워하지 말라…"(17절 하)고 하면서 이스마엘이 장차 큰 민족을 이룰 것을 알려 주신다. 하나님에게서 버려진 것이 아니라 또다른 약속의 민족이 되는 계획을 보게 된다. 이스마엘도 장차 큰 민족을 이루고 많은 사람들이 그 후손으로 하나님의 적절한 계획 안에서 살 길을 얻는 것이다. 이제 하갈의 눈이 밝아져서 샘물을 보고 위기를 벗어난다. 하나님이 그들과 함께 하여 광야의 활 쏘는 자로서 그 길이 열리고 있음을 볼 수 있다. 이어서 22절 이하는 아브라함이 아비멜렉과 언약을 맺는 과정을 설명하고 있다.

우리는 밋밋한 이야기로 들리는 본문에서 무엇을 보는가? 하나님은 그 원대한 구원의 계획을 끈임없이 이루어 가시는 길에 더러는 우리의 이해를 벗어나는 일을 통해서도 성취하고 있다는 점이다. 우리의 생각을 넘어서는 부당한 일도 이용하시고 받으시면서 저 먼 구원 사역을 일구신다. 하갈의 가족을 생각하면 너무한 생각이 들지 모르나 하나님의 약속의 길은 두 길이 아닌 오직 한 길로 이루어짐을 보게 된다.

《사서》에 보면 "천무이일이요 국무이왕이라"(天无二日, 國无二王)이란 말이 있다. 하늘에는 해가 둘일 수 없고 나라에는 왕이 둘일 수 없다. 진리의 길에 들어서는 것은 오직 하나의 방법만 있지 이것도 되고 저것도 되는 상대성이 허락되지 않는다. 하나님은 인간을 구원하시되 분명한 선이 있다. 한없이 너그러우신 사랑을 베푸시는 하나님이시만 따르는 길은 분명 하나로 열려 있는 것이다. 구분이 확실하게 있음을 알아야 한다.

네 손을 대지 말라

(창세기 22장)

살면서 나는 가끔은 사적인 일을 우선하는가 아니면 믿음의 일을 우선하는가로 고민스런 때가 있다. 우리는 당연히 하나님의 일을 최우선하고 다음에 나의 일을 한다는 생각을 갖지만 자주 뒤바뀌는 경우가 있어 혼란을 겪는다.

본문은 이런 신앙의 타협할 수 없는 엄격성을 단적으로 보여주는 이야기이다. 나는 이러한 처지가 되었을 때에 어떻게 행할까를 생각하지 않을 수 없다. 아브라함의 이야기가 아니라 나의 일일 때 참으로 가혹한 시험으로 받지 않을 수 없다. 삶의 그 모든 것을 요구받는 처지에서 과연 나는 무엇을 할 수 있는가?

어느날 하나님이 아브라함을 부르시고 "네 아들 네 사랑하는 독자 이삭을 데리고 모리아 땅으로 가서 내가 네게 일러준 한 산 거기서 그를 번제로 드리라"(2절 하)고 하신다. 사랑하는 독자를 번제로 드림은 모두가 극한 점에 이르는 여지 없는 말이다. 사랑하지 않을 수도 있고, 독자가 아닐 수도 있으며 단순히 드릴 수도 있다. 그러나 이 모두가 선택의 말은 아니다. 이럴 때에 보통 사람 같으면

'하나님 저를 드리면 안 될까요?' 라고 대안을 말할 법하다. 아브라함에게 그러한 마음이 들었을지도 모른다.

그러나 하나님의 명령 앞에서 그는 조금도 수정해서 받지 않고 고민하는 모습을 보이지 않으며 나귀에 안장을 지워 두 종과 함께 이삭을 데리고 장작을 갖고 지정된 장소로 떠난다. 그리고 삼일이나 걸어서 번제드릴 산을 바라보게 되었다. 그리고 종들을 머물게 하고 이삭과 짐들을 챙겨서 예배를 드린다면서 산으로 올라가고 있었다. 아브라함에게는 만감이 교차하는 며칠을 보냈음에 틀림없다. 가는 도중에 아브라함은 떨리는 마음으로 시종 굳어진 모습이었을 것이고 이에 이삭은 이상해서 아버지께 "번제할 어린양은 어디 있나이까?" 라고 물었다. 어쩌면 사흘 전에도 그런 의문이 있었겠으나 산에 거의 다다른 지경에서는 저으기 의심스러워 묻게 된 것이다.

아브라함으로서는 제일 답하기 힘든 질문을 마지막 시점에 받게 된 것이다. 아브라함은 "어린 양은 하나님이 자기를 위하여 친히 준비하시리라" 고만 말한다. 아브라함은 차마 '아들아! 미안하다. 어린 양은 바로 너란다' 라고 말하지 못한다. 어찌 어린 아들의 슬피 우는 소리를 감당할 수 있단 말인가? 전쟁에서 승리하고 돌아온 입다는 무남독녀가 제물이 되는 것을 차마 견디지 못하고 통곡하는 것을 볼 수 있다. 사람은 누구나 자식의 죽음을 차마 견딜 수 없는 것이다. 금방이라도 터질 통곡을 참으며 제단을 쌓고 나무를 벌여 마침내 아들을 결박하고 나무더미 위에 올린다. 그는 여기서 무어라 아들에게 말했을까? 참으로 궁금하다. 그리고 그는 칼을 꺼내 아들을 치려하는 찰나에 하나님께서 아브라함을 두번이나 부르신다.

모든 시험은 여기서 끝이 나고 만다. 참으로 어려운 시험을 아브라함은 지나온 것이다. 약속의 아들인줄만 알았던 하나의 아들을 내어 놓으면서까지 빈틈없는 복종을 보여 주었다. 아브라함의 순종에는 과연 조건이 없구나를 하나님은 아시고 "이제야 네가 하나님을 경외하는 줄을 아노라"(12절 하)고 선언하신다.

우리는 이 장면에서 기립 박수를 치지 않을 수 없다. 그리고 아브라함은 이삭 대신 수풀에 걸린 숫양을 번제로 드린다. 그리고 기념해서 그 땅을 '여호와 이레' 라고 이름진다. 이어서 하나님은 그에게 큰 복을 주고 번성함이 하늘의 별처럼, 바다의 모래같이 하신다고 한다. 아울러 그 씨로 말미암아 천하 만민이 복을 받는다고 약속하신다. 그리고 20절 이하는 나홀의 후손들을 소개하고 있다. 그들은 아람의 족속과 리브가와 야곱의 외삼촌 라반 등 여러 갈래로 나간 족속을 말하고 있다.

우리는 이 이야기를 통해서 여러가지 해석의 관점을 달리하는 경우를 본다. 신약의 말씀에서도 각기 달리 하고 보통 아브라함의 믿음의 기원을 찾는 시험 통과로 보기도 한다. 그러나 더 관심을 가지는 것은 구약성서가 당대에 주변 세계에서 행해진 '인신제사' 를 허락하지 않고 있음을 이 이야기를 통해서 확인할 수 있다. 하나님은 죽음을 원하지 않고 삶을 원하신다. 그럼에도 불구하고 하나님은 이스라엘에게 주시는 것이나 빼앗는 데 있어 온전히 자유하시며, 여기에 아무도 하나님을 향해 '당신은 무슨 일을 하고 있는가요?"를 물을 수 없다는 점이다. 그러기에 약속의 선물도 되돌릴 수 있는 성격일 뿐, 당연히 우리 것으로 못박을 수는 없는 것이다. 짐승을 사람 대신 번제물로 드리는 것은 하나님의 인자하신 모습이 그 배경에 깔려 있다.

맹자에 보면 어느날 왕이 당상에 앉아 있는데 소를 끌고 당하로 지나는 사람이 있었다. 이를 본 왕이 소가 어디로 가는가 물으니 깨진 종이 있는데 소를 잡아 그 피로 종틈을 메꾸려 한다고 대답한다. 이에 왕이 "놓아 주라. 내가 그 두려워 벌벌 떨며 죄없이 사지로 나아감을 차마 볼 수 없다." 그러니 신하가 "그러면 종틈은 어찌 합니까"라고 묻는다. "어찌 메꾸지 않겠는가? 양으로 바꾸어 쓰라." '이

양역지'(以羊易之)라는 말이다.

맹자가 여기서 왕에게 그게 바로 인술(仁術)이라고 말하면서 "견우(見牛)코 미견양야(未見羊也)라"고 하여 군자가 금수를 봄에 견기생(見其生)하고 불인견기사(不忍見其死)하며 문기성(聞其聲)하고 불인식기육(不忍食其肉)하나니 이러므로 군자원포주야(君子遠庖廚也)라고 한다. 도살장으로 끌려 지나가는 소가 슬피 눈물 흘리는 것을 차마 볼 수 없다는 것이다. 소는 보고 양은 보지 못하여 군자가 생은 보나 그 죽음은 차마 보지 못하며, 그 소리를 듣고 그 고기를 차마 먹지 못하여 푸줏간을 멀리 한다고 말한다. 양이나 소나 다같은 짐승이나 슬퍼하는 소는 보고 양은 보지 못하였으니 안 본 양을 대신 잡으라는 것이다. 본 것이 죽는 것은 차마 못견디고 안 본 것이 죽는 것은 그래도 참을 수 있다는 것이다. 어렸을 때에 집안에서 키우던 닭을 죽이는 일이 제일 하기 싫은 일이었다. 먹을 수 없는 것이다.

하나님도 인간을 대하심에 생명을 아끼고 살리는 데 관심이 있지 죽는 일에는 스스로 슬퍼하신다. 어찌 사람으로 번제를 받으시겠는가? 그러나 사람보다 더 한 것도 바치고 받아 마땅한 분임에도 그 인자하심은 사람 번제를 결코 허락하지 않으신다.

좋은 것을 택하여

(창세기 23장)

사람이 태어나고 혼인하며 죽는 일을 생애의 큰 일이라 할 것이다. 어느 것 하나 중하지 않는 것이 없다. 모두가 대사라는 말로 칭할 만큼 중요한 것이다. 혼인하는 일은 자기 의지로 행하기 쉬우나 태어나고 죽는 일은 자기 마음대로 되는 일이 아니다. 지금 아브라함의 가족에 큰 일이 일어나고 있다. 그것은 파란만장한 생애 중에서 중요한 부분을 담당했던 아내가 세상을 뜬다는 일이다.

향년 127세라면 얼마나 기나긴 세월이었던가? 참으로 어려운 일이 많았던 아브라함의 생애를 함께한 힘든 삶이었다. 힘들었던 삶일수록 생의 마감은 아쉽고 안타까운 것이다. 사라는 기럇아르바에서 죽었다. 죽음을 맞은 아브라함은 아내 사라를 위해 슬퍼하고 애통했다고 한다. 백여 년을 함께한 반려자가 세상을 뜨니 이제는 나의 삶이 끝났다는 생각이 들었을 것이다.

아브라함의 애통은 참으로 많은 것을 말하는 듯하다. 많은 일을 하고 하나님과 함께 한 생애도 정작 아내가 죽으니 참을 수 없는 슬픔을 보여준다. 과묵하고 행동으로 앞서 보여주는 장부였지만 아내의 죽음 앞에서는 나약한 한 남자의 모습일 뿐이다.

죽음은 그토록 강하고 방법이 없는 현실이기 때문이다. 죽음은 되풀이 할 수 없는 것이며 부와 귀천을 막론하고 공평하게 다가오는 강력함이다. 아브라함은 현실의 어려움을 이제 혼자서 꾸려나가야 한다. 인생의 숱한 일들을 아내와 상의하고 힘을 합해서 처리해왔으나 이제는 홀로 그 모든 일들을 해야 한다. 연로하고 힘은 소진되어가며 모든 일이 이전 같지 않은 시점에서 참으로 어려운 지경에 도달한 것이다. 그러나 하나님을 따라가는 그이기에 주어진 삶을 소홀히 할 수는 없는 것이다.

아브라함은 마지막 힘을 다해서 일어나 이제는 가족이 들어갈 새로운 안식처를 준비해야 한다고 생각했다. 당시 살던 헷 족속의 땅을 사야만 했다. 정중하게 헷 사람들에게 땅을 요구했고 그들은 아브라함은 "하나님이 세우신 지도자"라는 호칭을 들으며 자신들의 묘실 가운데 "좋은 것을 택하여 당신의 죽은 자를 장사하소서"라고 하였다. 아브라함이 그들 앞에서 얼마나 좋은 모습을 보였으면 정중한 호칭을 써가며 좋은 곳을 택하여 장사하라고 했을까? 이 민족 가운데 끼어 살면서 그토록 좋은 모습을 보인다는 것은 여간 힘든 일이 아닐 것이다.

성서 기자는 바로 아브라함이 이토록 이 민족 가운데서도 훌륭하게 살아감을 은연중에 보여주고 있다. 만약에 아브라함이 인심을 얻지 못했다면 어떻게 그런 좋은 평판과 호의를 얻겠는가? 그들은 "우리 중에서 자기 묘실에 당신의 죽은 자 장사함을 금할 자가 없으리이다"(6절 하)라고 하는 것을 보면 아브라함이 얼마나 좋은 이웃이었는가를 가늠하게 된다. 아브라함은 이처럼 사람 앞에서도 인정을 받는 인물이다. 하나님 앞에서와 사람들 앞에서 좋은 사람이 되기란 여간 힘든 일이 아니다. 아브라함은 소할의 아들 에브론의 땅이 좋았던지 그에게 구하여 충분한 대가를 치르겠다고 약속한다. 에브론은 이에 흔쾌히 승락하며 "당신의 죽은 자를 장사하소서"(11절 하)라고 한다.

좋은 땅 좋은 묘자는 동서양을 막론하고 탐나는 일이 아닐 수 없다. 그럼에도 거리낌이 없이 내어주는 에브론에게서도 아브라함에 대한 그의 호감을 읽을 수 있다. 이에 아브라함도 그 백성들 앞에서 예의 바른 모습을 절대 잊지 않는다. 그리고 그 땅이 은 400세겔이라는 말을 함으로 매우 비싸고 좋은 땅임을 보여준다. 값 비싼 장지를 두말없이 사는 아브라함의 모습에서 동양의 풍습을 보는 듯하다. 동양에서 조상의 장사에 없는 살림에도 후이 지내는 것은 죽은 자에 대한 예로서 사람들의 선망의 대상이었다. 공자도 "상사를 불감불면(喪事, 不敢不勉)"이라 하여 치상을 힘쓰지 않음이 없다고 했다. 오늘 날 이것이 부를 과시하는 모습으로 변질된다든가 호화스러움으로 나아가는 것은 잘못이 아닐 수 없다.

아브라함은 많은 돈을 주고 좋은 장지를 사서 장사지내는 일에 결코 인색하지 않았다. 그래서 성문에 들어온 모든 헷 사람들이 보는데서 확실하게 땅 값을 치루고 장지로 사들인다. 아브라함은 장차 그 가족들이 들어갈 안식할 처소를 이렇게 후하게 계산해 줌으로 정당하게 사들였다. 이스라엘 조상들의 가족이 들어간 이 묘실은 이렇게 유서 깊은 곳이 되고 오늘날도 그 위에 회교 사원들이 들어서고 있다고 한다.

죽음을 서서히 맞아 안식할 곳을 준비하는 조상의 모습으로 하나님의 섭리를 순응하는 또다른 모습을 보게 된다. 누구에게나 죽음은 오는 것, 그 죽음이 우리의 종지부를 찍을 때까지 후회없는 삶을 살아야 할 일이다. 이 땅에 무덤하나 남기고 간다면 내 무덤은 사람들에게 무엇을 말할 것인가를 생각하며 값진 삶을 살아야 할 것이다. 부끄럽지 않는 무덤, 그것은 오늘 우리가 만들어가고 있는 중이다. 그래서 오늘 어떻게 사느냐 하는 것은 마치 베틀에 앉아 북실을 오른 손, 왼손으로 넣었다 뺐다하는 베짜는 분의 정성으로 만들어지는 옷감으로 나타나는 것과 같다. 좋은 베를 짜내는 좋은 길쌈꾼이 되어야 겠다.

네 길에 형통함이 있으리라

(창세기 24장)

창세기 가운데 참으로 아름다운 이야기이다. 사람이 하는 일 중에 혼사를 이루는 일처럼 흥미로운 일은 흔하지 않다. 사람이 자라서 부모로부터 독립하려는 순간 혼사라는 큰 일을 치룬다. 과연 누구를 만나서 짝을 이룰까? 아브라함과 사라는 아들 이삭을 키우면서 누가 과연 며느리가 될 것인가를 많이 생각했으리라. 바로 기다리던 혼사를 위해 홀아비가 된 아브라함은 거의 죽음을 감지하여 신임하는 종에게 그 일을 전적으로 맡긴다.

이름이 불분명하지만 15장 2절로 추측하건대 상속자로 삼으려던 엘리에셀로 보인다. 얼마나 신실한 사람이었으면 그를 상속자로 삼으려 했을까? 그도 아브라함과 함께한 삶인지라 늙었다고 한다. 주인이 늙어 이제는 거의 모든 집안 관리를 그에게 위임하다시피한 집사인 셈이다. 큰 장수 밑에 약졸 없다고 아브라함 같은 큰 사람 밑에 그 종도 보통 사람은 아닐 것이다. 말이 종이지 큰 집안의 총지배인과 같다고 보아진다. 그는 아브라함에게 잘 배운 사람인지라 되어질 일의 경우를 물어서 신중하게 대처하는 것을 볼 수 있다.

본문은 네 가지의 장면으로 나누어 볼 수 있다. 첫째는, 엘리에셀과 아브라함(1-9절), 둘째는, 엘리에셀과 리브가(11-27절), 셋째는, 라반의 집의 엘리에셀(32-60절), 넷째는, 리브가와 이삭이 만나는 장면(62-67절)이다.

아브라함은 하나님으로부터 범사에 많은 복을 받았다. 늙어 하나님께 돌아가는 날까지 좋은 모습을 보여준다. 무릇 하나님께 순종하며 사는 자는 복을 받지 않을 수 없다. 복주기 원하시는 하나님이 아니신가? 아브라함은 아들의 혼사를 위해 그 종과 엄숙한 맹세를 하고 있다. 허벅지 밑에 손을 넣는 것을 말하나 이는 고대의 한 풍습을 반영한 것일 뿐, 실은 "야훼를 가리켜 맹세"(3절) 함으로 확실하게 추진할 것을 명한다. 그 내용은 가나안 여자가 아닌 "내 고향 내 족속"(4절)에 가서 아내를 취하는 것이다. 존재의 근거인 신앙의 문제에서는 이방인과 통혼하지 않으려는 하나님의 종다운 생각일 것이다. 그리고 이삭은 하나님이 시작한 구원의 역사를 계승할 사람으로 그 배우자의 선택도 분명한 하나님의 계획이 있으리라는 확신이 있었을 것이다.

7절에 "그 사자를 너보다 앞서 보내실지라…"고 한다. 그래서 마치 아브라함은 유언을 하는 것처럼 엄숙하게 다짐한다. 모든 지시를 잘 받은 종은 주인의 낙타 열 필을 끌고 각종 보물을 챙겨 메소포타미아의 나홀성에 이른다. 그가 성문 밖 우물에서 물을 먹고 있던 차에 마침 여인들이 물을 길러 나왔다. 그는 믿음의 사람답게 먼저 하나님께 기도를 드린다. "우리 주인 아브라함의 하나님 야훼여 원하건데 오늘 나에게 순조롭게 만나게 하사 내 주인 아브라함에게 은혜를 베푸시옵소서"(12절).

그가 하는 기도에서 모든 일의 운행이 전적으로 하나님께서 주도하신다는 확신을 본다. 아니나 다를까 한 소녀를 만나 과분한 대접을 받고 감동을 받는다. 21절에 보면 "그 사람이 그를 묵묵히 주목하며 야훼께서 과연 평탄한 길을 주신 여부를 알고자 하더니"라고 하여 흡족한 나머지 금 코걸이, 금 손목고리를 그에게 주었다고 한다. 옛날 사람들이 보석을 더 귀하게 따지는 것을 보게 된다.

그리고 그와 말이 구체적으로 진행되어 감사와 찬송의 기도를 확실하게 드리고 리브가의 집으로 안내된다. 리브가의 안내를 받은 종은 그의 오라버니 라반의 친절한 대접을 받는다. '그 동생에 그 오빠' 아니랄까봐 남매가 모두 흠 잡을 곳이 없는 성품임을 보여준다. 그리고 종은 일장 연설을 한다. 34절로 49절은 똑똑하고도 신실한 사람, 아브라함의 종의 모습을 확연히 보여주고 있다. 그는 신실하고 성실하며 신앙이 두텁고 총명하며 사리에 밝으며 추진력이 있고 훌륭한 CEO적인 면모를 유감없이 보여 준다. 이는 명연설이자 거대한 신앙고백이다. 듣는 자가 감탄하지 않을 수 없는 언변을 구사하고 있다. 아브라함 밑이기에 이러한 인물이 나올 수밖에 없다고 생각한다. 하나님의 구속의 역사를 이루기까지는 이러한 유능한 외교력을 갖춘 사람들이 한 몫을 확실하게 담당하는 보게 된다. 아무리 찬사를 해도 부족하리 만큼 훌륭한 중매를 엘리에셀은 하고 있다.

이처럼 진지한 말에 라반과 브두엘이 대답한다. "이 일이 야훼께로 말미암았으니 우리는 가부를 말할 수 없노라"(50절). 라반은 하나님의 인도하심을 확실하게 인식한 것이다. 리브가는 하나님이 준비하신 신부감임을 가족으로서도 부인할 수 없다는 얘기다. 그래서 "…야훼의 명령대로 그를 당신의 주인의 아들의 아내가 되게 하라"고 허락한다. 일이 이렇게 되자 종은 하나님께 먼저 감사하고 온갖 준비한 보물을 두루두루 전해준다.

주인의 신부감을 찾은 종은 관습을 따라 며칠 묵어야 함에도 이기쁜 소식을 한 시라도 빨리 돌아가서 알리고자 한다. 아브라함이 행여 듣지 못하고 돌아갈까봐 날이 밝기를 기다려 돌아가려고 한다. 그래서 종은 하나님과 아브라함에게 얼마나 충직한 사람인지를 보여 준다. 고집을 부리면서까지 서두르는 종 앞에서 리브가의 가족은 그의 말을 따르지 않을 수 없었다. 그들은 마지막으로 당사자인 리브가를 불러 "네가 이 사람과 함께 가려느냐 그가 대답하되 가겠나이다"(58절). 은근히 지금은 좀 곤란하다고 말하기를 기대했을텐데 허를 찔리고 만다.

어찌된 영문인가? 리브가는 믿음 있는 현명한 여자인가 아니면 시집 못가 안달인 사람인가? 자신의 운명을 하나님께 온전히 맡기는 결단의 여인인가 아니면 어머니와 오라비 곁을 떠나고 싶은 것인가? 얼마나 용감하면 얼굴 한 번 보지 못한 사람을 향해서 가기로 작정하고 나서는가? 그가 무엇을 얼마나 안다고 그 짧은 시간에 어떻게 그런 생각을 가졌을까? 우리라면 어떻게 했을까? 앞뒤를 천 번 만 번 재어보는 오늘의 사람들과는 얼마나 큰 차이가 있는가? 자신의 인생은 자신의 책임 하에 스스로 선택하는 것이다. "가겠다"는 그 한마디는 아무나 하는 말이 아니다. 그에 상응하는 무엇을 받을 만한 믿음 있는 결단이다.

리브가의 결단과 함께 하나님의 계획이 보이지 않게 깔려 있음을 알 수 있다. 그것이 엘리에셀이란 종을 통해서 이루어진 것이다. 24장에 등장하는 사람들은 하나같이 탐나는 사람, 매력적인 사람들이며 멋있는 사람들이다. 아브라함, 엘리에셀, 리브가 그리고 라반과 그 어미까지 모두 한 번 만나보고 싶은 사람들이다. 모두가 그 선 자리에서 군더더기가 없는 쾌청한 사람, 맑고 티없는 사람들이다. 특히 나이가 어린 처녀 리브가는 참으로 당돌하고도 매력적인 여인이다. 수만리 밖의 한 남자를 바라보고 몸을 던지는 결단은 아무나 하는 것이 아니다. 누구든 결단 없이 크게 되는 예는 없다. 하나님 앞에서 크게 드리는 자는 자기도 모르는 놀라운 것을 아버지로부터 분명히 받는다.

리브가가 종을 따라 나설 때에 "우리 누이여 너는 천만인의 어머니가 될지어다 네 씨로 그 원수의 성문을 얻게 할지어다"(60절)라고 한 것처럼 그는 과연 인류가 존재하는 한 위대한 여인으로 추앙을 받을 것이다.

리브가는 이삭이 사는 '브엘라해로이'로 간다. 그 때는 이미 아브라함이 죽었음을 알게 된다. 아브라함이 살았다면 먼저 그에게 알현을 해야 한다. 그것은 65절에 종이 리브가의 물음에 이삭을 "내 주인"이라고 소개함에도 드러난다. 리브가는 이삭을 보고 너울을 얼굴에 가려서 예를 표한다. 그리고 리브가를 죽은 사라의 장막에 인도하여 일정한 예를 갖추고 아내로 삼아 사랑했다고 한다.

이렇게 아브라함은 퇴장하고 바야흐로 이삭과 리브가의 시대가 시작되고 있다. 천만인의 어미가 역사의 주인이 되고 있다.

하나님의 뜻 안의 인간 허물

(창세기 25장)

성서는 사람이 부족하다는 전제로 시작한다. 아무리 온전한 사람이라 할지라도 하나님 보시기에 제대로 서기는 어려운 한계가 인간의 조건이다. 그럼에도 보다 온전한 모습을 향해서 노력하는 존재로 나아감은 살아 있음의 의미이다. 누가 사람의 좋은 모습을 싫어 하겠는가? 좋은 모습을 향해서 달려 가지만 그것이 때로 하나님과 나 사이를 가로막는 장애가 될 수도 있음을 아울러 알 때에 의미가 있는 것이다. 인간적으로 나무랄 곳이 없을 정도로 훌륭함에도 그것이 오히려 그를 하나님께 나아가는 길이 닫히는 요소가 된다면 이는 참으로 아쉬운 일이 아닐 수 없다.

두 가지가 다 조화를 이룬다면 얼마나 좋겠는가? 만약 한 가지를 택한다면 서슴치 않고 하나님께 향하는 것을 우선하는 것이다. 믿지 않는 사람은 이해하지 못하는 일일 것이다. 결국 인간은 자신의 힘으로 온전함을 이룰 수 없고 하나님께 자신의 무엇으로 나아가는 존재가 아니다. 하나님의 베푸신 은혜와 사랑을 감사함으로 받음이다. 본문은 이러한 예를 잘 보여주는 이야기가 그 중심이라 할 수 있다.

1-11절은 아브라함이 후처를 얻고 자녀를 낳아 마침내 죽음에 이르는 이야기를 전한다. 아브라함에 관한 이야기는 여러가지로 전해지나 본문은 나머지를 보완하면서 여러 민족들의 관계를 친척 관계로 설명하려는 의도가 있다. 아브라함의 후처 이름이 그두라라 하는데 이는 향(香) 피움을 뜻하는 이름으로 당시 아라비아가 향 산업을 주로 함과 일맥 통하고 있다. 그런 민족들의 이름이 나열되고 5절 이하는 아브라함의 죽음이다. 아브라함이 이삭에게 모든 소유를 주고 또 서자들에게도 재물을 나누어 주어 동방으로 가게 했다고 한다.

결국 아브라함은 약속의 자손 이스라엘을 중심으로 모든 열국의 조상으로 살았음을 보인다. 그는 175세를 살았는데 이른 바 천수(天壽)를 누렸다고 한다. 얼마나 복있는 사람인가? 그는 충만한 삶을 산 사람이다. 아무런 탈 없이 곱게 늙어 기운이 다해 열조에게 갔다는 것은 드문 일이다. 사람은 살아 있을 때보다 죽을 때에 복이 더 없이 중하다. 아브라함이 죽자 그 아들 이삭과 이스마엘이 장례의 대사를 잘 치루는 것을 말한다. 그의 죽음 앞에서 형제간에 아무런 이의가 있을 수 없고 또 이런 조화로운 모습을 통해서 아브라함의 살아 생전의 처사들에 허물이 없었음을 보여준다 하겠다. 그럼에도 진정한 복은 이삭으로 이어지고 있음을 또한 언급한다. 그렇다고 이스마엘이 버려진 사람이 아님을 더불어 말하고 있다. 그에게는 그에 합당한 분복이 있는 것이다. 그도 많은 후손을 두고 적절한 땅에서 삶을 이어간다.

이제 이야기는 본론이라 할 에서와 야곱으로 돌아간다. 아브라함의 아들 이삭은 마치 징검다리처럼 짧게 말하고 그의 소생인 에서와 야곱이 크게 등장한다. 그 중에도 야곱이 주류를 이루고 있음을 보아야 한다. 그들은 태생에서 경쟁적 관계였음을 말하여 좀더 근원적임을 보인다. 어떻게 그럴 수 있을까?

이삭이 결혼하고 이십여 년이나 자녀가 없다가 자녀를 보게 되는데 그들이 리브가의 배에서부터 다투고 있다니 부조화는 깊고 깊은 데서 시작된 것이다. 세상에 사람과 사람 사이에 갈등이 많지만 이처럼 형제간에 갈등이 있을 때에 견디기 힘든 사람은 그 부모일 것이다. 한 배에서 나와도 갈등이 없을 수 없는데 하물며 남들 사이에는 수없는 갈등으로 점철된 것이 인간의 모습이다. 가인과 아벨은 극단적인 모습으로 치달은 모습의 하나이다.

그런데 이삭의 쌍둥이는 하나님의 대답에서 계획이 있음을 보게 된다. 그 계획이 어찌 사람의 생각과는 다르게 이루어졌는지 모른다. 한 사람은 택함을 받고 다른 하나는 그를 섬기고 그것도 형제가 뒤바뀌어서 이루어지는 것을 보며 그 이유를 따질 수 없는 문제이다. 두 민족 간의 불화와 반목, 투쟁이 이처럼 그 원인적 요인이 태중에서 시작된 것임으로 설명하고 있다. 여기에는 민족간의 싸움과 유목민과 정착문화 간의 반목 등의 여러 원인들을 설명하려는 의도가 엿보인다. 사람이 살면서 씨와 조상을 탓하는 경우가 있지만 본문에서도 그 비슷한 현상을 보게 된다.

에서는 사냥꾼인지라 성질이 급하고 조야하며 감정적이다. 반면에 야곱은 차분하며 진지하고 사색적인 목자이다. 문화의 단계로 보더라도 사냥은 초보의 단계라면 목축은 야생의 짐승을 집에서 기르는 발전된 단계이다. 말하자면 직업이 다른 두 형제간의 충돌은 두 민족의 충돌이며 문화의 충돌이다. 에서는 그 성질이 대변하듯이 배가 고픈 것을 참지 못하고 동생의 꾀바른 계략을 아무런 생각없이 넘겨버리는 경솔함에서 하나님의 택함과 무관함을 보여준다.

하나님은 야곱이 비록 좋은 것을 향해서 이기적인 행동을 보임에도 좋은 것을 향한 열정이야말로 쓸만하다고 인정하신 셈이다. 에서처럼 장자권이라는 중요한 가치를 하찮게 여기는 것은 소중한 것에 대한 집중력의 결여를 의미한다. 그같은 사람은 또다시 어려운 일이 있으면 쉽게 무너지고 말 사람이다. 비록 야곱은 그 방법이 교활하고 계략적이나 좋은 목표를 향한 욕심은 방심(放心)으로 사는 에서에 비해 훨씬 장점이 있는 사람이다. 그렇다고 야곱의 허물이 덮어지는 것을 의미하는 것은 아니다. 적지 않은 허물에도 불구하고 하나님은 그를 통해서 그의 계획을 성취해 가신다. 우리는 하나님의 계획을 판단하지 못한다. 오히려 인간의 잘잘못은 그 크신 계획과 뜻 안에서 포용되고 때로는 쓸모있는 것으로 환원됨을 볼 수 있다.

허물이 좋은 것은 아니다. 바로 서가는 사람의 노력이 있지만 우리는 궁극적으로 하나님의 은혜로 산다는 고백이 있어야 한다. 그래서 우리의 허물도 때로는 하나님의 뜻 안에서 덮어지고 새롭게 되는 것을 보게 된다. 못나도 하나님 안에 살자.

위기 가운데서 하나님의 함께하심

(창세기 26장)

창세기 26장은 아브라함의 얘기가 다시 되풀이 되는 느낌을 준다. 우물 때문에 이방 사람들과 다투고 아내 때문에 위기를 맞고 블레셋 왕 아비멜렉과 그의 군대장관이 나서서 언약을 맺는 모습 등의 여러 면에서 유사함을 보여주고 있다. 이삭은 아버지 아브라함이 죽은 지 80년이 지난 다음에 아비멜렉과 다시 문제가 생기는 시대착오적인 모습을 본다.

이삭은 그랄에서 블레셋 왕 아비멜렉을 만난다. 유목민적인 삶을 살아가는 그에게 살기 좋은 땅은 어디라도 가고 싶었을 것이다. 애굽은 그러한 조건에 맞았을 테지만 하나님께서는 그에게 이르기를 애굽으로 가지 말고 지시하는 땅으로 가라고 하신다. 그 명령과 함께 주어지는 복이 다름아닌 아브라함에게 주어진 약속이다. "하늘의 별과 같이 번성하며 … 천하 만민이 복을 받으리라"(4절)는 말씀이다. 아브라함은 하나님의 율법 순종으로 복을 받은 모델이다. 무릇 "순종-복"은 성서의 일관된 틀이지만 그 원래적인 모델이 아브라함의 생애로 표준화되었다고 볼 수 있다. 그래서 복을 생각하는 사람은 순종 외에 다른 것을 생각해서는 안 된다. 순종 자체가 곧 풍요이다. 믿음의 길은 단적으로 순종의 삶이다.

그러나 사람에게는 사적 욕심이란 괴이한 것이 마음에 자리잡고 있어 여간해서 그 욕망을 뿌리칠 수 없다. '욕불가종'(欲不可從)이라는 《예기》(禮記)의 말이 있는데 이는 욕심이란 가이 따를 것이 못된다는 경계의 말이다. 말씀은 하늘에서 오지만 욕심은 내 사사로운 육신의 소산인 것이다. 하나님은 아브라함을 가리켜서 하는 말씀이 5절 "아브라함이 내 말을 순종하고 내 명령과 내 계명과 내 율례와 내 법도를 지켰음"이라고 하였다. 아브라함도 같은 사람인데 어찌 사사로운 욕심이 없었겠는가? 그러나 그는 모든 일이 허사로 돌아가도 순종하며 살았다. 그러한 아버지를 보고 살아온 아들인지라 이삭도 하나님을 순종한다. 그런데 이삭도 아브라함의 실수를 되풀이하는 장면에서는 아쉬움을 낳고 있다. 어찌하여 리브가를 아름답다는 이유로 붙여사는 지역에서 아내란 말을 감당하지 못하고 누이라고 했을까? 어쨌든 이 부자가 모두 둘러대는 모습은 학자들 간에 시각이 다른 점도 있다.

9-10절은 12장과 20장의 내용에 비하여 누그러진 모습을 그려주고 있다. 왕은 이삭의 아내를 취하려는 의도가 없음을 말한다. 그는 그랄 사람들이 행여 간음죄를 범할까 염려하고 이삭과 리브가를 범하는 자는 엄벌에 처하겠다는 칙령을 내린다. 이삭과 리브가의 명예가 한껏 드높혀지고 있다. 위기를 당하기도 전에 미리 차단된 안전장치를 직접 왕이 나서서 행하고 있다.

이삭은 이제 왕의 보호를 받는 특별한 사람으로 세워지고 자유롭게 그 땅에서 농사를 지어 백 배를 수확했다고 한다. 그리고 마침내는 거부가 되어 사람들의 부러움을 사게 된다. 성공에 성공을 거듭하게 된 그는 이제는 사람들의 시기를 불러 일으켰고 떠나라는 요구를 받는다. 사람들의 경우에도 진정한 위기는 무슨 일이 잘 되어

갈 때에 틈타는 것이다. 호사다마는 인간이 사는 어디에라도 있을 법한 현상이다. 그래서 좋은 일이 있을 때에 경계를 늦추지 않는 것이 지혜이다. 이삭은 성공을 접고 그랄 골짜기로 옮겨서 천막을 쳤다. 그리고 우물을 다시 팠다고 한다. 그러나 팔 때마다 그랄 목자들의 시비에 걸려서 거듭 양보하고 물러난다. 물이 귀한 사막성 지대에서 우물은 곧 생명과 직결된다.

이삭은 이렇게 해서 '르호봇'이란 우물로 만족하고 '브엘세바'로 간다. 그곳은 아버지 아브라함이 하나님을 모시던 성소이다. 이삭 역시 아브라함처럼 거기서 하나님을 만나 약속을 받고 감사의 제단을 쌓는다. 브엘세바라는 유명한 성소는 이처럼 조상들의 하나님을 뵙는 곳이며 대대로 오는 세대의 유명한 성소가 된다.

이야기는 다시 아비멜렉 왕이 군대 장관 비골과 함께 찾아와 계약을 맺는 모습을 보여준다. 그들은 이삭을 향해 말하기를 "야훼께서 너와 함께 계심을 우리가 분명히 보았으므로…"(28절 상)라고 하여 하나님을 인정하며 "너는 야훼께 복을 받은 자"(29절 하)라는 고백을 한다. 그랄 왕은 능력의 하나님으로부터 복을 받은 사람으로부터 해를 당할까 두려워하는 것이다. 이제는 그들이 더 아쉬운 처지에 놓였다. 그래서 이삭은 그들과 계약을 맺고 먹고 마시며 평화의 조약을 마친다.

이상에서 우리는 이삭이 약속의 자녀로 가는 곳마다 복을 누리며 성공적인 삶을 영위하는 것을 본다. 심하게 다른 종족과 다투지 않으면서 양보하고도 모든 일이 순조롭게 이루어짐을 본다. 하나님이 함께하는 삶은 사람들이 방해를 놓아도 허물어지지 않고 오히려 두렵게 뻗어나가는 것을 본다. 하나님의 사람은 왕같은 권세로도 대항하지 못하는 것을 보면서 주께서 나와 함께 할 때에 두려워 할 것이 없음을 알아야 한다. 순종하여 복받은 사람은 그가 걷는 시온의 대로가 창창한 길이다.

우애를 모르는 형제

(창세기 27장)

같은 어머니의 배에서 나오고 한 이불 속에서 자라던 형제는 그 무엇으로 우의를 말할 수 없다. 순진무구한 시절의 우애는 평생을 잊지 못하고 사는 값진 것이다. 그러나 이러한 소중한 것은 사라지고 서로 미워하고 시기하며 다투는 것은 근원을 잊은 실망스런 모습이 아닐 수 없다.

에서와 야곱은 아브라함, 이삭이라는 약속의 가계에서 나온 귀한 사람들이다. 이삭이 리브가를 만나는 일도 그의 종이 슬기를 발휘해서 그 먼 곳에서 현명한 여자를 만나게 되었다. 참으로 좋은 만남에서 두 형제가 태어난 것이다. 그러나 어찌된 일인지 이런 좋은 가정에서 난 형제가 우애가 잘 안되는 판국이 되었다.

본문은 이삭이 늙어 죽게 된 즈음에 세상 사람들이 그런 것처럼 큰 아들에게 축복하려고 한다. 에서를 불러 별미를 준비해서 마음껏 축복하도록 하라고 한다. 드디어 이제부터 에서의 시대가 도래하는가 보다. 그런데 문제는 에서의 어머니 리브가가 이런 소리를 듣고 야곱을 사랑한 터라 이 일에 끼어든다. 아버지와 맏아들이 대를 이어 복을 주고 받는 지경에 어머니가 개입하여 상황을 완전히 흩어 버린다. 리브가는 에서를 밀어내고 야곱을 내세우는 계략을 치밀하게 꾸민다. 어째서 같은 아들인데 이러한 일을 도모하는 걸까? 에서가 이 일을 알면 얼마나 낙심하고 적개심을 가질른지 모른다. 세상에 더러 그러한 일이 있기는 해도 하나님을 믿는 사람들에게서 일어난 일이라 더욱 당황하지 않을 수 없다.

리브가는 야곱에게 자초지종을 얘기하고 모든 준비를 잘하게 만든다. 준비가 그럴듯하게 이루어지나 독자는 웃지 않을 수 없을 정도로 엉성한 연출이다. 야곱이 형의 털이 많은 것을 어떻게 속이겠느냐며 복은 커녕 저주를 받을까 걱정하며 난색을 표했을 때에, 어머니는 모든 저주는 자신에게 돌리라고 하면서 염소 새끼의 가죽을 손과 목에 입혔다. 그리고 자기가 만든 별미와 떡을 아들 야곱의 손에 쥐어 준다. 모든 일의 주모자는 어머니 리브가이다. 결국 야곱은 마마 보이인 셈이다.

야곱은 모든 준비를 하고 아버지 이삭의 방에 들어가 아버지를 부른다. 당연히 이삭은 네가 누구냐고 물었고 정해진 대답대로 에서라고 거짓말을 한다. 이렇게 시작된 거짓말은 계속해서 둘러대는 거짓말로 범벅된다. 19절에서 "나는 아버지의 맏아들 에서로소이다 아버지께서 내게 명하신 대로 내가 하였사오니 원하건대 일어나 앉아서 내가 사냥한 고기를 잡수시고 아버지 마음껏 내게 축복하소서"라고 하였다. 이삭이 가늠하건데 그렇게 빨리 사냥하여 가져온다는 것이 의심되었다. 그래서 "내 아들아 네가 어떻게 이같이 속히 잡았느냐"고 묻자 야곱은 "아버지의 하나님 야훼께서 나로 순조롭게 만나게 하셨음이니이다"(20절 하)라고 대답한다. 순진한 물음에 놀라운 거짓말로 대답한다. 눈 먼 사람을 속이는 일은 인도적인 면에서도 이스라엘에서 금지되어 있다. 하나님은 귀먹은 자와 맹인을 어떻게 대하는가를 눈여겨 보시는 분이시다(레 19:14; 신 27:18).

본 이야기의 초점이 윤리가 아니라는 점이지만 어쨌거나 야곱의 거짓말은 엄연한 죄악이 아닐 수 없다. 하나님을 끌어들이는 거짓은 참으로 가증한 일이다. 의심한 이삭은 확인하기 위해서 가까이 오라고 한다. 참으로 긴장되는 순간이다. 아무리 기력이 쇠하고 눈이 어둡다고는 하지만 만져보면 금방 탄로날 일이기 때문이다. 만약에 그 모든 일이 드러난다면 이제까지 평온했던 이삭의 가정에 새로운 풍파가 일지는 않을런지. 아슬아슬한 순간에 이삭은 좀 이상한 낌새는 있지만 그냥 넘어가고 만다. 거기에 보면 "음성은 야곱의 음성이나 손은 에서의 손이로다 하며 그의 손이 형 에서의 손과 같이 털이 있으므로 분별하지 못하고 축복하였더라"(22절 하, 23절)고 한다. 확실하지 않음에도 넘어가는 것은 설마 누가 자신을 속이겠는가 하는 믿음 때문일 것이다. 이렇게 해서 한 번만으로 효력을 가지는 축복의 권리가 고스란히 야곱에게 주어진다. 모든 축복의 절차가 이렇게 끝나고 만다.

형 에서는 사냥에서 돌아와 내력을 모르고 별미를 만들어 아버지께 들어간다. 그리고 마음껏 축복해 달라고 한다. 이삭은 그 때서야 속은 것을 알고 "심히 크게 떨며…"라고 하면서 어느 누가 에서의 축복을 가져 갔는가 묻는다. 그리고 축복은 이미 그에게 모두 돌아갔다고 탄식한다. 에서는 이 말에 속은 것을 알고 통곡하면서 자신에게도 축복해 달라고 간청을 한다. 이삭은 이 모든 일이 야곱의 짓임을 알고 "네 아우가 와서 속여 네 복을 빼앗았도다"(35절)라고 한다. 에서는 너무나 허망하여 거듭 간청을 하지만 엎어진 물이었다. 이삭이 할 수 있는 말은 "내 아들아 내가 네게 무엇을 할 수 있으랴"(37절 하)라고만 한다. 분통이 터지는 것은 당사자인 에서만이 아니라 이삭도 마찬가지였다.

그러나 이제 그가 아버지로서 할 수 있는 일이 무엇이란 말인가? 아무것도 없어서 다만 에서가 누릴 운명의 미래를 언급하는 것으로 그의 몫을 다한다. 에서는 결국 변방에서 힘들게 살아야 하며 아우를 섬기는 신세를 면치 못한다는 것이 그 내용이다. 모든 일이 끝난 상황에서 에서는 한없이 분노에 휩싸이고 아버지의 상을 마치면 동생을 죽여야만 분이 풀린다고 생각한다.

서릿발처럼 차가워진 집안 분위기를 누구보다 잘 감지한 어머니 리브가는 에서의 심중을 알고 야곱에게 외삼촌 라반의 집으로 피신하라고 권고한다. 화가 풀리는 날에 데리러 가겠다고 하면서 며칠만 기다리라고 한다. 그렇지 않으면 에서가 야곱을 죽이고 살인자의 이름 때문에 집을 떠나는 두 아들을 잃는 비극이 일어날 것이다. 46절은 야곱이 집을 나서는 것이며 28장과 함께 보아야 할 것이다.

우리는 이 이야기가 이스라엘과 에돔 민족 간의 원초적인 적대관계가 이렇게 먼 옛날 두 형제의 갈등에서 유래한 것을 듣는다. 하나님의 약속된 백성의 길이 비록 사람들의 교활한 방법으로도 이용되는 것을 두고 도덕성으로 판단하는 것은 유보되어야 함을 안다. 하나님은 정당하지 못한 야곱을 통해서 그 원대한 구원 사역을 이끌어 가시기도 한다. 문제는 하나님의 구원 사역의 성취에 있다고 보면서 인간적인 윤리성이 궁극적인 판단 기준이 아님을 알아야 한다. 행악자의 태도가 결코 용납되는 것이 아니고 다만 어떠한 처지에도 하나님은 자신의 계획을 빈틈없이 이루어 가심을 눈여겨 보아야 한다.

하나님은 야곱을 택하시고 사랑하셨지만 그 형 에서도 돌보시며 상응하는 복을 주신다. 큰 눈으로 하나님의 사랑을 보고 받는 복된 자가 되자.

약속의 전개

(창세기 28장)

이 이야기는 야곱이 화를 당할 위기에서 이제까지의 모든 일을 주도하다시피한 리브가가 다시 앞장 서는 것으로 시작한다. 야곱을 피신시켜야 할 급한 상황에서 리브가는 남편 이삭에게 다음과 같이 말함으로 자신의 당위성을 얻으려 한다. 27장 46절에서 "리브가가 이삭에게 이르되 내가 헷 사람의 딸들로 말미암아 내 삶이 싫어졌거늘 야곱이 만일…내 삶이 내게 무슨 재미가 있으리이까" 하면서 야곱은 이삭처럼 멀리 가서 배필을 얻어야 한다고 역설한다.

아닌게 아니라 이방 여인을 며느리로 맞아 재미를 못 본 것은 사실인지 모른다. 후기 이스라엘은 이방인과의 통혼으로 많은 문제를 맞게 되었다. 민족의 순수성도 있지만 무엇보다 신앙을 중심한 민족 정체성이 위기를 당했다고 말할 수 있다. 따라서 이방인과 혼인을 하지 않으려는 움직임이 강했다. 아마도 리브가는 에서가 제멋대로 가나안 사람인 이방인을 아내로 취해서 못마땅했을 것이다.

8절에서 "에서가 또 본즉 가나안 사람의 딸들이 그의 아버지 이삭을 기쁘게 하지 못하는지라"고 한다. 그래서 야곱의 결혼은 에서와 달리 이삭처럼 저 먼 땅 오라비 라반의 딸로 며느리를 삼고자 그곳으로 보내겠다는 것이다. 리브가가 과연 큰 아들의 결혼에서도 이처럼 관심을 갖고 애를 썼는지 궁금하다.

어쨌든 이쯤되자 이삭은 아내의 말에 움직이는 사람처럼 야곱을 불러 가는 길을 축복하면서 외삼촌 라반의 딸로 아내를 맞으라고 권고한다. 이렇게 함으로 야곱이 피신하는 것은 이삭에게도 아주 당연한 일로 구실이 되고 있다. 그러면서 야곱에게 준 모든 축복을 상기하며 아브라함에게 허락한 복이라고 확인하고 있다. 좋든 싫든간에 야곱에게 한 번 베푼 축복이 당연한 것으로 받아들여지고 있다. 사실 이 복의 약속은 놀라운 전통을 가진 크고 좋은 것이다.

한편 에서는 개인적으로 보면 안타까운 모습을 보여 준다. 맏아들로서 그 역할을 제대로 하지 못하고 부모의 마음을 편하게 하지 못하고 있다. 그는 어떻게 하면 부모의 마음에 들까 하면서 무던 애를 썼을 것이다. 6절 이하도 그러한 예의 하나이다. 그는 가나안 여자를 아내로 맞아 기뻐하지 않는 부모를 달래고자 9절에 보면 “에서가 이스마엘에게 가서 그 본처들 외에 아브라함의 아들 이스마엘의 딸이요 느바욧의 누이인 마할랏을 아내로 맞이하였더라”고 한다. 그의 새로워지려는 노력은 가히 동정을 갖게 한다. 특이한 것은 어머니의 친척에게로 가지 않고 아버지의 친척에게 가서 아내를 구한다는 점이다. 왠지 모르게 어머니와의 거리가 있어 보인다. 지금 집안의 무게가 어머니인 리브가에게 있음을 아직도 모르는 듯하다. 결국 식구만 늘었지 이를 부모들이 기뻐했다는 말이 없지 않은가? 헛수고인 셈이다.

야곱은 가벼운 마음으로 짐을 꾸려 하란으로 가게 되었다. 먼 길인지라 하루는 들에서 유숙하려고 돌베개를 비고 잠을 자게 된다. 그런데 꿈에 사닥다리가 땅과 하늘에 닿아 하나님의 사자들이 오르락내리락 하는데 맨 위에 하나님이 야곱을 향하여 조상들에게 허락한 복을 다시 주시겠다고 말씀하시는게 아닌가. 그것은 조상에게 약속한 땅을 주고 자손을 주며 땅의 모든 족속이 너로 복을 받는다는 것이다. 그리고 15절에 "내가 너와 함께 있어 네가 어디로 가든지 너를 지키며…너를 떠나지 아니하리라"고 한다. 도대체 그의 부도덕하고 비열한 행동에 걸맞지 않게 처음부터 마지막까지 압도적인 복의 창고에 던져진 모습이다.

그는 지금 먼 길을 나선 불확실한 전도에 맡겨져 있다. 무슨 일이 그에게 닥칠지는 아무도 모른다. 그 마음을 소상히 아시는 하나님은 내가 너와 함께 있어 어디서든 너를 지키신다는 확신을 심어주고 있다. 야곱이 얼마나 좋았겠는가? 자기가 한 일에 대해서 한마디도 추궁하지 않으시고 오히려 커다란 복의 울타리를 치시며 함께 하리라는 약속을 받았을 때의 기쁨은 상상을 넘는 이야기이다. 에서가 힘쓸 때에는 아무런 조짐도 없었지만 야곱은 가만이 있기만 해도 이렇게 감싸시는 하나님의 모습을 보면서 은혜 받을 자와 은혜 받지 못하는 자의 엄연한 구분을 냉엄하게 본다. 우리는 달란트의 비유에서 고작 한 달란트 가진 자가 냉정하게 빼앗기는 것을 보면서 하나님의 한 없는 사랑이 그렇게도 적용되는 것을 알게 된다.

야곱은 잠이 깨어 그곳을 두렵게 여기고 돌로 기둥으로 세우고 기름을 부은 후에 이름을 '벧엘'이라고 짓는다. 그리고 하나님 앞에 서원하면서 벧엘이 하나님의 집이 될 것이라고 하였다. 그리고 십일조를 드리겠다고 서원한다. 벧엘은 이처럼 유서 깊은 거룩한 곳이었다. 우리는 여기서 도망치는 기만자가 어떻게 그런 은혜로운 약속을 받는가에 답할 수 없다. 본문도 이에 대해서는 아무런 말을 하지 않는다. 이에 대한 대답을 찾으려 해서도 안 된다.

하나님의 약속은 인간적인 선재 조건과 결합되어 있지 않다. 그래서 위대한 복의 약속은 야곱과 그 후손을 통해서 면면히 이어져 내려지고 성취의 마당으로 나아가고 있다. 약속과 은혜, 이는 인간의 어떤 조건을 뒤덮고도 남는 귀하고 값진 거룩한 것이다. 그에 머무는 사람이 되자.

속이고 속고

(창세기 29장)

사람이 양심을 학대하는 일 중 하나가 본심을 억누르고 남을 속이는 행위일 것이다. 타고난 양심은 누구에게나 주어진 소중한 것임에도 사람들은 욕심에 굴복하여 억누르고 뒤틀어지게 한다. 거짓과 속임은 무엇보다 먼저 자신을 쓸모 없는 인간으로 내모는 것이다. 반면에 양심과 진실은 인간을 인간답게 만드는 보배로운 것이다. 좋은 것인 줄 알면서도 양심과 진실대로 살지 못하는 현실이 뜻 있는 사람들의 힘겨운 투쟁 대상이라고 본다.

야곱은 약속 있는 조상 가운데 중추적인 인물이다. 그의 삶의 특징이 목표를 향해서 집요하게 달리는 모습이라 하겠다. 어째서 하나님께서는 야곱의 이기적인 고집에도 불구하고 택하여 세우시는가를 알기 어렵다. 29장에 들어서면 야곱이 내부의 갈등 때문에 화를 면하기 위해서 외유를 떠나는 모습이다. 그는 지금까지 살아오던 정든 집을 떠나지 않을 수 없다. 인간적으로 보아 그간 중대한 일들을 무리하게 밀어붙인 것이 극도의 긴장을 가져온 것이다. 형 에서의 서슬 퍼런 복수의 칼날을 피해야만 했던 것이다.

그는 지금 동방 상부 메소포타미아로 갔던 것이다. 한 마을에 이르러 우물을 만난다. 우물은 사람들이 만나는 장소로 자주 소개된다. 사람도 사람이지만 양 떼들이 목을 축이는 중요한 곳이다. 야곱은 거기서 사람들을 만나고 자기가 만날 라반의 소식을 묻고 있다. 라반은 리브가의 오빠로 그에게는 외삼촌이 되어 비교적 가까운 친척이라고 할 수 있다. 사람들은 라반의 평안을 알리고 지금 그의 딸이 우물로 다가온다고 대답한다. 그렇게 해서 일의 실마리는 자연스럽게 풀려가고 있다.

라헬은 아버지의 양을 몰아 키우는 딸이었다. 그는 라헬을 긴히 만나려는 의도로 그들에게 자리를 비켜주기를 바랐지만 그의 뜻대로 되지 않는다. 우물을 닫은 돌뚜껑은 모든 목자들이 함께 들어 옮겨야 물을 먹일 수 있다고 한다. 그 사이에 라헬이 도착하여 양에게 물을 먹여야 할 판이 되었다. 야곱은 뭔가를 보이려는 의협심에서 그 무거운 돌뚜껑을 혼자서 옮기며 괴력을 보이고 양떼로 하여금 물을 먹이게 한다. 처음 만난 처자에게 이처럼 인상적인 일을 함으로 딴에는 믿음을 주었다고 생각했을 것이다.

그리고 그는 대뜸 처음 만난 처녀에게 달려들어 입을 맞추고 울었다고 한다. 아마도 너무 반갑고 라헬에게 마음이 끌려서 감사의 눈물인지 모른다. 라헬은 이를 아버지에게 알리고 라반은 먼 곳에서 온 친척을 반갑게 맞이한다. 이렇게 해서 야곱은 외삼촌 라반을 만난다. 야곱과 라반은 어떠한 사람인가? 공교롭게도 두 사람 모두 야망이 크고 욕심 많으며 매사를 자기 중심으로 만들어 만족하려는 사람들이다. 야곱은 어쩌면 외삼촌을 닮은 사람이다. 결국 강한 두 사람이 만난 것이다.

야곱은 지금 무슨 목적으로 이 곳 먼나라에 왔는가? 그는 다가온 화를 피하고 또 다른 목적, 아내를 얻기 위해 외삼촌 집에 온 사람이다. 누구든 야곱의 시야에 걸리면 빠져 나가기란 쉽지 않다. 지금 라반의 딸인 라헬은 그의 강한 심장을 울리기까지 커다란 감동을 주고 있다. 그래서 라반과 야곱은 서로의 속셈을 불꽃 튀게 계산하면서 흥정하는 판국이다. 어떻게 라헬을 아내로 얻을 수 있겠는가? 시력이 약한 레아는 야곱의 안중에 들어오지도 않았다. 대신 아리따운 라헬을 아내로 주는 대가로 라반의 집에서 칠 년을 일하겠다는 약조를 한다. 당시의 풍습에 따른 조건이기는 하다.

그러나 라헬을 주는 대신 칠 년이란 기간은 엄청난 대가이다. 이렇게 묻지마 식으로 승락해 버린 것은 영악스런 야곱이 라헬을 얼마나 원했는가를 단적으로 보여주고 있다. 그는 내심 라반이 라헬은 안 돼!라고 거절할까봐 걱정했을 것이다. 다급한 마음에서 일단 승락을 받고 보자는 식의 태도로 짠돌이 야곱도 넉넉한 기간을 제시함으로 라반의 마음을 사로잡고 말았다. 누가 승리한 것인가? 야망과 욕심이 엄청난 두 사람이 합의를 이루는데 난항을 겪을 것이지만 야곱의 대폭 양보로 쉽게 마무리 된다. 야곱은 한 삼 년만 제시해도 가능했을 일을 그렇게 하고 말았다. 그만큼 라헬에게 욕심을 가졌던 것이다. 그는 칠 년을 며칠 같이 여겼다고 한다(20절). 이런 경우를 두고 사랑에 눈이 멀었다고 할 것이다.

그리고 일은 제대로 진행되고 기간이 되어 혼인한 다음날에 벌어지고 만다. 대상이 바뀐 엉뚱한 일이다. 라반의 책임은 이루 말할 수 없다. 라반은 그의 계락을 당시의 풍습으로 돌리면서 정당함을 주장한다. 그리고 야곱의 태도로 보아 분명 라헬을 위해 새로운 조건을 기대했던 것이다. 형을 속여본 경험이 라반의 계략에는 당할 수 없었다. 속인자가 속은 것이다. 당대의 풍습을 거스릴 수 없는 처지에서 무슨 말을 더 하겠는가? 하는 수 없이 다시 칠 년을 더하기로 하고 라헬을 약조받는다. 그렇게 해서 근 이십여 년 간 그곳에서 허비하고 만다. 우리 속담에 "기는 놈 위에 나는 놈" 있다고 야곱을 능가하는 계략을 가진 자가 외삼촌 라반이 아닌가?

야곱은 한 목적을 위해 이처럼 고생을 하고 두 아내와 여종까지 합하여 많은 식구를 거느리게 된다. 레아와 라헬을 비롯하여 네 여인에게서 실로 많은 자녀를 얻는다. 열한 명의 아들과 하나의 딸을 얻는 다복한 야곱이다.

야곱은 소설같은 생애를 살면서 하나님의 약속의 담지자로 우뚝 선다. 그는 비록 인간적인 면에서는 여러가지 평가와 판단을 받으나 엄연한 하나님 계획의 중추적인 사람으로 그 세가 확산된다. 하나님은 인간적인 여러 조건을 넘어서 쓰시는 계획이 오묘하고 야곱은 그 중심에 서 있는 사람이다. 속이던 사람이 이제는 속아가면서 자신도 모르는 하나님의 놀라운 계획의 실현자가 되어 간다. 주께서 쓰시면 사람은 침묵하며 기쁨으로 따라갈 뿐이다. 하나님께 감사하자.

내 발이 이르는 곳마다

(창세기 30장)

야곱은 블랙홀과도 같은 라반의 함정에 빠져서 오랜 기간을 고생한다. 라반은 우리가 잘 알듯이 교활하고 잇속에 매우 밝은 사람이다. 그렇기에 먼 동방에서 오랫동안 부를 누리고 힘 있는 사람으로 알려지게 되었을 것이다. 그 아들에 대해서는 언급이 없지만 딸들의 모습에서도 그런 라반의 강한 면모를 다시 보는 느낌이다.

레아와 라헬은 형제이면서도 경쟁의식이 남과의 그것 못지 않음을 본다. 당초에 야곱은 라헬을 좋아했지만 이상하게도 자녀의 복은 그를 비켜 가 레아에게서 임하고 있다. 욕심 있는 라헬은 이를 견디지 못하고 여자로서 당당하게 서기 위해서 자녀를 얻으려고 동분서주한다. 그는 남편 야곱에게 이르기를 "내게 자식을 낳게 하라 그렇지 아니하면 내가 죽겠노라"(1절 하)고까지 단호한 모습을 보여준다. 자녀 문제를 죽음으로 맞서는 당돌한 모습이 아닌가? 보통 사람의 태도가 아니다. 그것은 또한 라헬의 고통이 얼마나 컸는가를 보여주기도 한다. 지금까지 남편의 사랑을 받은 부인으로서 아이가 없음으로 말미암아 사랑이 온통 언니 레아에게 빼앗길 처지가 됨을 알았을 것이다.

야곱의 대답은 지극히 신앙적인 답변을 함으로 자신도 어찌할 수 없음을 말하고 있다. "그대를 임신하지 못하게 하시는 이는 하나님이시니 내가 하나님을 대신하겠느냐"(2절 하). 라헬도 어찌할 수 없는지라 여종 빌하를 야곱의 후처로 들이는 딱한 일을 한다. 당시의 풍속이 여종은 주인의 속하는 재물과 같아서 여종이 낳은 자녀도 주인에게 속했다. 그리하여 낳은 자녀가 '억울함을 푸심' 이란 의미의 단과 '경쟁함' 의 뜻을 가진 납달리를 얻는다. 이러니 부아가 난 레아는 그 시녀인 실바를 아내로 삼게 하여 '복됨' 의 뜻인 갓과 '기쁨' 의 뜻인 아셀을 다시 얻는다. 두 자매 사이에 한 남편을 사이에 두고 출산 경쟁이 이루어지고 있는 것이다. 속 좁은 여자들의 싸움에 관심이 쏠려 있지만 실은 야곱의 많은 자녀, 약속의 백성의 틀을 만드는 역사가 불꽃 튀는 자매의 싸움에 가려져 있다. 야곱이 한 여자를 통해서는 열둘이나 되는 자녀를 얻기가 쉽지 않았을 것이다.

이번에는 라헬이 르우벤이 들에서 얻은 합환채(알라우네: 사랑의 약초)라는 일종의 최음제를 먹으려고 레아와 실랑이를 벌이다가 남편을 한 번 들여 보내는 조건으로 비방재를 얻는다. 이렇게 해서 레아는 '값' 이란 뜻의 잇사갈을 얻지만 라헬은 약초의 효험도 없이 허사로 끝나고 만다. 이어서 레아는 스불론과 딸 디나까지 얻는다. 이러니 일방적으로 당하는 동생 라헬이 아닌가? 이쯤해서 하나님도 라헬을 외면해서는 안 되겠다는 생각을 하셨는지 그 소원을 들으시고 태를 연다고 한다. 참 오랫만에 이루어지는 경사이다. 그가 '더함' 이란 뜻의 요셉이며, 이어서 베냐민은 나중에 얻는 아들이다. 어쨌든 야곱은 두 아내로부터 경쟁적으로 많은 아들을 얻어 이스라엘의 열두 지파 터전을 닦는 것이다. 야곱도 어쩌지 못하는 두 형제의 집요한 경쟁으로 대식구를 이룬다. 여인들의 갈등도 남자들 사이의 갈등 못지 않게 치열한 것을 보여 준다.

25절 이하는 여인들 간의 갈등에 이어지는 남자들의 갈등이다. 라반과 야곱의 씨름이다. 야곱은 두 아내를 위해 많은 세월을 머슴살이 같은 삶을 살아 왔다. 왠일인지 야곱이 하는 일은 날로 흥왕하여 주인집의 재물이 늘어만 갔다. 그래서 큰 부자가 된 셈이다. 야곱도 이제는 할만큼 했다고 생각하여 가솔을 이끌고 독립하여 자신의 삶을 살아야 할 판이다. 그래서 어느날 야곱은 외삼촌에게 "나를 보내어 내 고향 나의 땅으로 가게 하시되…"(25절)라고 하면서 허락을 요구한다. 아직 그는 라반에게 매여 있는 몸이다.

그러나 욕심많은 라반이 흔쾌히 들어줄 사람이 아니다. 그는 야곱으로 말미암아 하나님의 복을 받은 것을 인정하면서도 "그대로 있으라"(27절 하)고 한다. 그러면서 이제 품삯은 네가 마음대로 정하라고 제의한다. 야곱은 이런 제안을 받아들일 수 없다. 그래서 다시 라반을 설득하기 위해 29-30절의 내용을 조목조목 이야기한다. 특별히 30절에서 그는 "내 발이 이르는 곳마다 야훼께서 외삼촌에게 복을 주셨나이다 그러나 나는 언제나 내 집을 세우리이까"라고 최대한의 예의를 갖추어 말하고 있다. 그러나 야곱의 제안은 라반에 의해서 받아들여지지 않고 이를 알아챈 야곱은 다른 방도를 찾기로 결심한다.

그래서 제안한 것이 32-33절의 내용이다. 양과 염소 가운데 점백이를 품삯으로 달라는 것이다. 이는 쉽게 들어줄 만한 제의가 아닐 수 없다. 왜냐면 양과 염소는 단색 짐승으로 점백이가 드물기 때문이다. 야곱의 이 제안은 흡족하게 생각하는 라반을 넘어가게 하는 고도의 술수다. 오랫동안 목자로서 얻은 전문지식이 있는 야곱은 점백이를 많이 낳게 하는 방법을 알고 있었기 때문이다. 한편 라반은 다시 야곱을 따돌릴 속셈으로 점백이 양과 염소를 모조리 가려서 아들에게 맡겨서 사흘길이나 되는 먼 곳으로 보낸다. 과연 누가 이 일의 승리자가 될 것인가?

사람들의 하는 일이란 이런 정도라는 것을 생각하며 부끄러움을 느끼지 않을 수 없다. 그러나 하나님은 그런 인간을 통해서도 그 역사를 이루어 가시는 사랑의 하나님이시다. 기만은 배신이다. 기만을 일삼는 사람이 된다면 주신 은혜를 값없이 배반하고 있음을 알아야 한다. 야곱은 물 구유에 껍질을 벗긴 나무를 세워 이를 보고 새끼를 낳는 양과 염소는 영락없이 얼룩배기 임을 잘 알고 있다. 이른바 주술적인 생각이 들어 있다. 그것도 튼튼한 것들만 그런 처방을 통해서 새끼를 얻도록 한 것이다. 이 놀라운 지혜를 들판 일에서 얻어 계략적으로 사용하고 있는가! 어른인 외삼촌이 조금만 너그럽게 마음 먹고 의롭게 대했다면 그런 일까지 이루어졌을까를 생각한다.

동양의 옛 문자로 만인을 대하되 무불경(毋不敬)하라 했거늘 공경하는 마음이 없다면 잇속만 따질 것이다. 그래서 사람 사이에 사랑은 다시 한 번 빛나는 보석이 아닌가?

고난과 수고를 감찰하사

(창세기 31장)

라반과 야곱의 치열한 두뇌 싸움도 여기서 끝나게 된다. 사람과 사람이 만나서 함께 사는 것은 좋은 기회이련만 많은 경우 갈등으로 상처를 내는 것을 보면 아쉬움이 아닐 수 없다. 싸매고 낫게 하여 따뜻함을 느껴야지 할퀴고 덧내서 아프게 한다면 사람으로는 못할 일이다. 결국 이웃은 사랑의 대상이지 미움의 상대가 아니다.

야곱은 길었던 처가살이를 더이상 해서는 안 되겠다는 결심을 한다. 옛 속담에 "겉보리 서말만 있으면 처가살이 하랴"는 말이 있다. 야곱도 일찍이 처가살이를 끝냈어야 하는데 여자 욕심 때문에 그 고생을 지루하게 했으리라. 종종 사람들은 고생을 사서 하는 경우가 많다. 처가살이를 오래하다 보니 처남들이 핍박하고 심한 말을 만들어내고 있다. 1절에 아버지의 소유를 다 빼앗는다고 하면서 불평한다. 뿐만아니라 라반도 마음이 변하여 전과 같지 않다고 한다. 이처럼 고민에 쌓인 야곱에게 하나님께서 찾아와 "네 조상의 땅 네 족속에게로 돌아가라 내가 너와 함께 있으리라"(3절)고 하신다. 이로써 '하늘 사닥다리의 꿈' 을 새롭게 이루어 주실 것을 암시하는 듯하다.

야곱은 더이상 버틸 수 없는 때임을 알고 아내들을 들로 불러 의향을 묻는다. 그간에 그가 당한 설움을 상세히 소개하면서 어떻게 하면 좋겠느냐는 것이다. 라헬과 레아는 기다렸다는 듯이 대답하기를 "우리가 우리 아버지 집에서 무슨 분깃이나 유산이 있으리요 아버지가 우리를 팔고 우리의 돈을 다 먹어버렸으니 아버지가 우리를 외국인처럼 여기는 것이 아닌가"(14-15절)라고 대답한다. 여기서 팔았다는 말에는 적지않은 의미가 있다. 아버지가 당시의 관습과 달리 딸들을 시집 보내면서 얻은 이익을 혼자 차지하였다는 것이다. 이는 자신들을 대가족 공동체에서 제외했다는 말이다. 여기에 상속권도 주지 않고 실제적인 권한이 없는 '남'(נכרי)처럼 여겼으며 이에 실망한 그들이다. 그러니 새삼스럽게 그 집안에 연연할 필요가 없다는 투로 하는 말이다.

야곱은 쉽게 아내들의 동의를 얻어 지체없이 떠나게 된다(16절). 야곱은 그간 어떻게 지내왔는지! 그는 아내들에게 어떻게 점박이 짐승들을 그렇게 많이 차지하게 되었는지를 숨기고 홀로 술책을 써서 라반을 속인 것에 대해서는 일언반구도 하지 않았다. 이는 온전히 자신의 허물을 라반의 일방적인 잘못으로 떠넘기는 기만행위이다. 이렇게 하여 모든 죄는 아버지에 있고 남편은 의로운 약자로 남는다.

일의 결행은 라반이 들에 나가 오랫동안 양털을 깎는 사이에 이루진다. 사실 야곱의 이러한 도주는 떳떳한 행위가 아니다. 더구나 라헬이 집안의 보호와 복을 상징하는 '드라빔'을 훔친 것은 아버지의 비열한 행위에 대한 보복 때문이라고 할지라도 우리를 곤혹스럽게 한다. 옛말로 "딸 자식은 도둑이다"라는 말이 있지만 이거야말로 도둑과 무엇이 다른가? 우리는 주변에서 흔히 키워 주신 부모에 대한 은덕을 감사해 한 푼이라도 손대지 않고 시집가는 사람을 본다. 자기 힘으로 열심히 살겠다는 갸륵한 마음이 아닌가? 라헬은 마음이 아버지에서 완전히 남편으로 기울러진 모습을 보여주고 있다.

감추어진 일이 드러나지 않는 법이 없듯이 삼일 만에 탄로나고 라반이 일행과 함께 야곱을 추적한다. 그런데 한 밤에 하나님께서 라반에게 현몽하여 "너는 삼가 야곱에게 선악간에 말하지 말라"(24절 하)는 경고를 하신다. 위기에 처한 야곱을 보호하시는 하나님의 간섭이다. 이런 말을 들은 라반은 아무리 분개한 마음을 갖고 뒤쫓아 왔어도 주저하는 마음이 앞섰을 것이다. 야곱을 따라잡은 라반은 살기등등한 모습이 아닌 자기의 타당한 입장을 내세운다. 많이 누그러진 태도이다.

그가 진정으로 떠나가는 야곱의 가솔들을 축하하고 기쁨으로 보내는 잔치를 베풀었겠는가는 그간의 그 행위로 보아도 있을 법하지 않은 입바른 말로 들린다. 그렇게 하여 그는 마음에 내키지도 않은 일, 돈들지 않고 입으로 잔치를 대신하는 셈이 되었다. 인색한 사람은 으레 일이 다 지난 다음 은덕을 베풀려고 했다는 아쉬움을 보인다. 그는 퍽 딸들과 외손자들을 사랑해온 사람처럼 그들을 아끼는 말로 아쉬워하고 있다. 예의범절을 잘 지키는 사람처럼 야곱을 나무라고 있다(27, 28절).

그러면서 그 가족의 수호신인 드라빔을 도둑질한 것을 추궁한다. 야곱도 질세라 반격하기를 죽음을 두고 훔치지 않았음을 확언한다. 다른 성서 기자는 아닌게 아니라 야곱은 실로 그 훔친 사실을 모르고 있음을 말하여 야곱의 체면을 세워주고 있다(32절 하). 라반은 온 가족을 샅샅이 뒤져 찾아 보았지만 라헬이 깔고 앉은 것을 찾지 못한다. 참으로 이야기에 엉성한 데가 있지만 어쨌든 라반은 실패하고 물러난다. 이러한 형국에 야곱은 다시 라반을 몰아세우고 그의 의지를 꺾고 만다. 그리고 그간에 있었던 일들의 부당함을 조목조목 따지고 있다.

사실 이 반격은 라반으로 하여금 궁지에 몰아넣는 큰 약점이 아닌가? 그는 야곱에게 인간적으로 감동이 가는 일을 해본 적이 별로 없다. 이십 년은 온전히 외삼촌을 위한 고난과 수고의 세월이 아니었던가? 야곱의 말마따나 하나님이 아니었다면 빈손으로 돌아갈 뻔한 처지였다. "하나님이 내 고난과 내 손의 수고를 보시고…"(42절 하)라고 하여 하나님의 도움을 고백하고 있다.

할 말 없는 라반은 야곱과 언약을 세운다. 돌을 가져다 기둥을 세우고 증거로 삼아 언약을 맺는다. 할 말 없는 그는 자신의 딸을 박대하지 말고 다른 아내를 들이지 말라는 것이다. 그리고 각자의 신들을 두고 맹세하며 식사를 함으로 의식을 마친다. 라반은 다음날 아침 일찍 일어나 손자들과 딸들에 입을 맞추고 축복하며 그들을 떠나 고향으로 돌아 갔다고 한다.

오랫동안 팽팽한 두 사람의 관계가 이렇게 종지부를 찍는다. 힘들고 고난에 찬 그 숱한 세월을 야곱은 긴 터널을 지나오듯이 쓰러지지 않고 달려온다. 이는 그 자신의 힘으로 이루어진 것이 아니라 아버지의 하나님과 아브라함의 하나님이 눈동자처럼 지키시고 보호하심으로 된 것이다. 하나님의 도움으로 끈질긴 라반의 굴레를 벗어난 것이다.

삶이 고단하고 어려우며 수고의 연속이라 해도 이처럼 하나님을 의지하여 어두움을 헤쳐 간다면 좋은 날은 반드시 온다는 것을 깨닫게 된다. 야곱은 고단한 삶을 사는 사람들의 선구자이다.

내가 네게 은혜를 베풀리라

(창세기 32장)

라반이 떠난 뒤 야곱은 새로운 문제를 준비해야 했다. 라반과의 문제는 끝났지만 이제는 형 에서와의 수십 년 묵은 문제가 그를 기다리고 있었다. 야곱의 삶이 얼마나 고달픈 삶인가를 잘 보여준다.

야곱은 그의 먼 여정을 다시 이어가야 한다. 그가 가는 길에 하나님의 사자를 만났다고 한다. 그 정체를 분명하게 말할 수는 없지만 하늘의 천사 정도로 생각된다. 다른 사람은 일생에 한 번도 만나지 못하는 천사를 적지아니 만나는 야곱이다. 그가 하나님의 사자들을 만나고 그 곳의 이름을 마하나임, 즉 두개의 진영이라는 뜻의 이름으로 부른다. 하나님의 사자를 만나는 것은 그가 야훼 하나님의 계시 아래 서 있음을 말한다. 비오는 날에 누군가 나를 우산으로 받혀준다면 걱정할 것이 없다. 야곱은 그런 의미에서 복된 사람이다.

그는 이제 형 에서를 만날 일이 큰 걱정이 아닐 수 없다. 조금만 더 가면 형을 만나지 않을 수 없는데 어떤 일이 일어날까? 그는 생각 끝에 친선 사절을 보내기로 한다. 그들에게 당부하길 "주의 종 야곱이 이같이 말하기를…내 주께 은혜 받기를 원하나이다"(4-5절)

라고 한다. 값비싼 예물을 많이 들고 가서 가장 낮은 자세로 엎드리라는 명령이다. 야곱은 목표하는 일의 성취를 위해서는 매 번 철저하게 자기를 낮추는데 주저하지 않는다. 굴욕적인 태도라고 해도 될 것이다.

그런데 갔다온 사자들이 하는 말이 야곱으로 하여금 더욱 초조하게 하고 있다. 에서가 지금 사백 명을 거느리고 야곱을 만나러 오고 있다는 것이다. 환영하는 사백 명이라면 좋겠지만 틀림없이 27장 42절에 한 말처럼 "내가 내 아우 야곱을 죽이리라"는 말을 이루기 위함이 아니겠는가? 야곱은 형의 분노를 너무 잘 알고 있다. 그는 행여나 하였는데 과연 올 것이 왔구나하는 마음이 들지 않을 수 없었을 것이다. 그래서 취한 것이 그 소유를 두 떼로 나누어 위험을 최소화하려 한다. 그리고 조상의 하나님께 절박한 마음으로 기도 한다. 9-12절은 야곱이 한 간절한 기도이다. 누구나 살다가 이처럼 큰 위기를 당할 때에 피 땀 흘리는 기도를 하게 될 것이다. 은혜를 베풀어 달라, 자기는 감당할 수 없다, 에서의 손에서 나를 건져달라는 간절한 기도이다.

야곱은 형의 마음을 누그러뜨리려 예물을 준비한다. 염소, 양, 낙타, 암소, 황소, 나귀를 수백 마리 준비하여 앞서 보낸다. 죽을 수도 있는 마당에 무엇이 아깝겠는가? 그리고 자기는 멀찍이 뒤에서 따라간다. 이것은 형의 분노가 점차적으로 녹아지기를 바라는 생각에서 그처럼 긴 대열을 짓고 있다. 면목이 없는 야곱으로서는 그런 방법이 가장 알맞다고 생각했을 것이다. 사람이 죄를 지으면 제일 먼저 나타나는 징후가 얼굴을 들 수 없는 일이다. 잘못하고 얼굴을 바로 볼 수 없는 것은 사람마다 다 의(義)을 지향하는 '수오지심'(羞惡之心)이 있기 때문이다. 잘못했을 때에 부끄러움이 없다면 어찌 사람이라 하겠는가? 야곱은 형을 볼 낯이 없는 사람이다. 여기에 유난히 얼굴 이야기가 많이 나온다. 20-21절에 히브리어 성서를 보면 얼굴(פנה)이 다섯 번이나 나오는데 이는 다음에 이어지는 브니엘 이야기에서도 나타난다.

야곱은 형을 만나기 전 얍복 나루에서 밤을 지내다가 혼자 있을 때에 어떤 사람을 만나 밤이 새도록 씨름을 하게 되었다. 그런데 밤이 다가도 승부가 나지 않았다. 그래서 그는 야곱의 허벅지 관절을 쳐서 어긋나게 하고 말았다고 한다. 신비로운 적대자를 만나 씨름하는 야곱은 과연 끈질긴 사람답게 끝을 보기로 작정한 사람 같다. 얼마나 끈지기게 물러 나지 않았으면 하늘의 존재가 "나로 가게 하라"(26절)고 사정했을까? 그래도 야곱은 그가 하늘의 어떤 능력자임을 알고 담대하게 뭔가를 얻어내고야 말겠다는 뚝심을 보여준다. "당신이 내게 축복하지 아니하면 가게 하지 아니하겠나이다"(26절 하). 그는 야곱의 물러나지 않을 기세를 알고 야곱의 이름을 대체하는 새로운 이름을 지어 준다. 여기서 이스라엘이라는 이름이 유래하고 야곱은 이제 새로운 모습으로 살게 된 것이다.

지금까지 야곱은 기만자의 대명사처럼 살아왔어도 그 모든 불명예로운 과거를 씻고 이스라엘이라는 새 이름으로 명예롭게 살아가라는 의미이기도 하다. 야곱은 얍복강에서 축복과 함께 그 생애의 중요한 계기를 맞는다고 하겠다. 얼마나 뜻있는 장소인가? 그래서 그는 그 곳을 브니엘이라는 이름을 붙인다. 생각해 보면 섬뜩한 일이 아닐 수 없다. 사람이 멋모르고 엄청난 일을 지낸 다음에야 전율하는 경우가 있다. 야곱은 지난 밤의 사건에서 죽지 않고 살아 남았다는데 놀라지 않을 수 없었을 것이다. 그는 하나님을 대면하면 죽는다는 말씀에도 불구하고 비록 절뚝거리는 신세는 되었어도 죽지는 않았다. 그리고 하나님의 축복을 받고 새 이름까지 받아 온전한 하나님의 복 받은 자가 되었다.

이처럼 야곱은 생애에 남들이 감히 할 수 없는 놀라운 체험들을 수없이 겪으면서 하나님과 함께 살아감을 보게 된다. 그는 특별한 은혜를 받은 사람이다. 죽지 않았을 뿐만 아니라 큰 은혜를 받았으니 얼마나 놀라운 일인가?

구차스런 야곱

(창세기 33장)

사람은 살아가면서 누구에게 신세지거나 구차스런 처지가 되는 것을 싫어한다. 떳떳하고 당당한 삶을 살기 위해서는 몸가짐을 단속하고 과욕에 빠지지 않도록 조신해야 한다. 자유라는 커다란 삶의 조건도 이러한 떳떳한 상황에서 나온다.

야곱은 생각이 많은 사람인지라 그간에 한 일들로 형 앞에서 자유롭지 못한 처지에 있다. 이제 어쩔 수 없이 형 에서를 만나고 모든 일을 피할 수 없는 처지에 있다. 장정 사백 명이 앞에 서 있다니 마음이 조마조마 했을 것이다. 그는 두 여종들과 그 소생들을 앞에 두고 레아와 그 자식들을 다음에 두고 마지막에 라헬과 요셉을 두었다고 한다. 그 순서를 두고 해석자마다 좀 달리 보기도 하지만 대체로 위험 부담을 고려한 순서일 것이다. 라헬과 요셉은 그가 평소 관심과 사랑이 별났던 처자이다. 앞에서 에서의 장정들에게 희생이 된다해도 뒤따르는 라헬과 요셉은 피할 여유가 있도록 맨 뒤에 따르도록 한 것이리라. 아마 이런 의도를 레아가 안다고 하면 적지아니 기분이 언짢았을 것이다.

그는 앞장 서서 에서를 만나고 대뜸 일곱 번이나 땅에 엎드려 큰 절을 형에게 올린다. 고대문서인 '아마르나 문서'는 바로 왕 앞에서 봉신들이 황송해서 일곱 번이나 엎드려 절하는 것이 언급된 것이 나온다. 야곱이 얼마나 두려웠으면 이토록 일곱 번이나 땅에 엎드리는가? 이쯤되니 상황은 갑자기 변하는 것 같다. 에서는 장정을 사백 명이나 데리고 나오던 애초의 마음이 어디가고 그를 안고 목을 어긋맞추어 입을 맞추고 서로 부둥켜 울었다고 한다(4절). 에서는 번번이 동생의 사려깊은 행동에 물러나는 모습을 보이고 만다.

이산 가족이 수십 년 만에 만나면 흔히 우는 모습이 오늘날 사람만의 모습은 아닌가 보다. 에서는 정신을 차리고 그를 수행한 많은 사람들이 누구냐고 했을 때에 "하나님이 주의 종에게 은혜로 주신 자식이니이다"(5절 하)라고 하면서 야곱은 에서의 밑에 납작 엎드리는 모습을 취한다. "주의 종"이란 말로부터 여러 곳에서 야곱을 주라고 부른다. 이런 말에 이어서 가솔들이 하나하나 나와서 에서에게 절을 한다. 그리고 야곱은 형님에게 드릴 예물이라는 말과 함께 "주의 은혜"를 입고자 한다고 말한다. 다시 말해 그간의 노여움을 푸시고 자신의 예물을 받아 달라는 요청이다.

이처럼 극진히 굽히고 들어오는 사람에게 침을 뱉을 자가 흔하지 않을 것이다. 에서가 동생을 끌어안고 울었다는 것은 단적으로 그 마음이 누그러진 것을 보여 준다. 야곱의 예물에 대해서 에서는 자신도 물질이 족하다는 말로 완곡하게 거절하지만 야곱이 재차 간곡하게 부탁했을 때에 받지 않을 수 없었다. 특히 야곱이 에서에게 "형님의 얼굴을 뵈온즉 하나님의 얼굴을 본 것 같다…"(10절 하)고 한 말은 존칭어 치고는 최고의 존대말이다. 무릇 아부하는 말은 사람을 그릇되게 하는 최고의 수단이다.

논어에 "교언영색(巧言令色)이 선의인(鮮矣仁)이니라" 하여 공교로운 말과 얼굴 색을 잘하는 자는 인(仁)한 것이 적다고 한다. 야곱의 태도는 다분히 그런 느낌을 준다. 어쨌든 야곱의 강권에 못이겨 에서는 이것을 받아들인다. 이제 모든 어려운 단계는 넘어선 듯하다. 에서는 차마 동생에게 화풀이를 하지 못하고 사백 명과 함께 예물을 가지고 돌아서며 야곱에게 같이 가기를 권한다. 하지만 아직도 에서를 믿지 못하는 야곱은 적당한 말로 핑게를 대며 천천히 뒤따르겠다는 말로 형을 따돌린다. 야곱은 일찍이 형 에서와는 같이 살 수 없는 사람임을 알고 그에게 믿음을 주지 않는다. 때문에 그는 자기들을 보호해 주려는 에서의 자상한 배려도 정중하게 거절한다(15절 하).

이렇게 하여 야곱은 후에 아버지 이삭의 죽음으로 장사를 위해 형을 만나는 일 말고는 다시는 만나지 못한다. 그리고 그는 숙곳이라는 곳에 이르러 집과 우릿간을 지었다고 한다. 그리고 이어 요르단 강을 건너 세겜으로 간다. 거기서 그는 토지를 매입하고 제단을 쌓는다. 땅을 사고 집을 짓고 제단을 세우는 일련의 일들은 마침내 약속의 땅에 다다랐음을 보여주는 상징적 의미가 있다. '엘'이라는 이방 나라의 토속적인 신명을 이방 족속에서 받아 이스라엘로 바꾸고 이제부터는 이 땅이 이방의 땅이 아니라 하나님의 약속의 땅으로서 의미를 확실히 하고 있다. 이어서 그 곳의 이름을 '엘엘로헤 이스라엘'(이스라엘의 하나님)이라 하여 뒤에 족장사를 이은 이스라엘 민족국가로 연결시켜 주는 고리가 된다.

우리는 두 형제의 얽혀진 관계가 자연스럽게 풀리고 각자의 길로 나아가며 새로운 역사가 시작되는 것을 본다. 이 모든 일들이 인간의 미숙함 때문에 얽혀졌으나 하나님은 이를 잘 풀어 주시고 각자의 길로 인도하신다. 약속의 자녀가 어려움에 처할 때에 하나님은 적절한 방법을 통해서 선하게 이끌어 주신다. 그 하나님께 감사할 뿐이다.

치욕과 비극

(창세기 34장)

야곱의 가족이 큰 무리를 이룬 채 세겜에서 살게 되었다. 먼 나라에서 이주한 사람들인지라 여러가지가 낯설었다. 이주한 사람들은 으레히 조심스럽게 살기 마련이다. 그럼에도 본문은 이주한 사람들이 오히려 고자세로 살아가는 듯한 느낌을 주고 있다. 마치 오늘날 유대인 정착촌에서 보는 현상과 흡사하다 하겠다.

레아는 야곱의 여러 여인들 가운데 유독 하나의 딸인 디나를 낳았다. 젊은 처녀인지라 처음 보는 땅이 호기심에 찼을 것이고 가벼운 마음으로 바깥 나들이를 갔었다. 그가 어떻게 추장의 아들인 세겜의 눈에 들고 불미스러운 일을 당하게 되었는지는 모르지만 욕을 당하고 만다. 본문에 보면 세겜은 그를 몹시 사랑하는 것으로 소개된다. 흔히 사랑은 없이 충동적으로 욕보이는 경우가 있다. 세겜은 이러한 결과에 대해서 책임지려는 일련의 적극적인 태도를 취하고 있다. 그러고 보면 세겜은 잘못을 저질렀지만 인간적으로 일말의 동정이 가기도 한다. 세겜은 디나가 좋아서 그것을 참지 못하고 일을 저지른 젊은 사람의 약점이 고스란히 안겨진 상태이다. 남자가 여자를 좋아하는 것은 이치에 어긋나는 것은 아닐 것이다.

지금은 풍속과 문화가 많이 달라져서 말이 우습기까지 하지만 맹자에 보면 이런 말이 있다. "장부가 태어나면 위하여 아내 두기를 원하며 여자가 태어나면 위하여 시집가기를 원하는 것은 부모의 마음이라. 사람은 다 이것을 두었으나 부모의 명령과 중매장이의 말을 기다리지 않고 구멍을 뚫고 서로 엿보며 담을 넘어 따라다니면 이는 곧 부모와 나라 사람을 모두 천하게 여기는 것이다(丈夫生而願爲之有室, 女子生而願爲之有家. 父母之心, 人皆有之. 不待父母之命, 媒작之言, 鑽穴隙相窺, 踰牆相從, 則父母國人皆賤之.)." 옛날 양반들은 집안에 그런 일이 일어나면 챙피스럽다고 딸을 쫓아냈다. 격세지감을 느낀다.

세겜의 아버지 하몰까지 나서서 야곱에게 혼인해 줄 것을 요청한다. 그러나 문제는 그들의 생각과는 다른 야곱의 입장이 있었다. 야곱은 가타부타 말하지 않고 조용히 들일 나간 아들들을 기다렸다. 아들들은 이 일을 듣고 근심하며 노했다고 한다. 참으로 챙피스런 일이 아닐 수 없다. 어느 누가 형제 중에 강간이라는 치욕을 당했을 때에 분노하지 않을 수 있겠는가? 사랑하는 딸이, 사랑스런 누이가 이런 일을 당했다면 분통이 터지지 않을 자가 없을 것이다. 그야말로 구약시대의 풍속대로 "부끄러운 일", "행하지 못할 일"이 집안에서 일어난 것이다. 이는 하나님 앞에서 제의 공동체 전체가 범죄하게 하는 신성모독의 공포가 있음을 뜻한다고 본다.

그러나 당사자들이 와서 백 배 사죄하고 무엇이든 하자는대로 하겠다면서 많은 양보를 하는 것을 볼 수 있다. 그러면서 통혼까지 하자고 한다. 이에 대해서 야곱의 아들들이 "속여 대답하였으니"(13절 중)라고 하여 이를 받지 않는 것을 볼 수 있다. 그리고 할례를 받지 않은 사람들에게 누이를 줄 수 없다고 한다. 그러나 할례를 받으면 가능하다는 말을 한다. 하몰과 아들은 이를 받아들이기로 하고 성읍 사람들에게 전하여 "그 모든 남자가 할례를 받으니라"(24절 하)고 한다. 다시말해 가해자인 하몰과 세겜이 피해자인 야곱의 아들들의 요구를 고스란히 수용하는 것을 볼 수 있다. 이는 책임의식이나 디나에 대한 사랑의 정도가 그 배경일 것이다.

그러나 일은 조화로운 관계로 나아가지 않는다. 앞에 말한 "속인 대답"에서 드러나듯이 할례를 받은 제삼일 거동이 불편할 즈음해서 야곱의 두 아들들이 각기 칼을 들고 그 성읍을 기습하였다. 어떻게 이렇게 적은 수가 성읍에 기습해서 모든 남자를 죽였는지 소상하지 않은 점이 있으나 어쨌든 무참히 복수를 했다. 그리고 나머지 야곱의 아들들이 가서 죽은 자들의 집에서 노략질을 하였다. 오늘 우리의 통념으로 본다면 선의로 문제를 해결하려는 의지를 무참히 꺾고 만 것이다. 이러한 비참한 결과를 심히 염려하는 야곱에게 그들은 "우리 누이를 창녀 같이 대우함이 옳으냐"고 되묻고 있다. 야곱의 아들들의 속임수는 저들로 하여금 아무런 대비를 하지 못하게 하고 철저하게 당하는 결과를 가져온다. 야곱은 실제로 죽음에 임하여 유언하는 가운데 시므온과 레위에게 그들의 칼은 폭력의 도구요 분노대로 사람을 죽였음을 한탄하며 그들의 못된 성품을 비난한다(창 49:5-6).

성서는 족장시대에 이처럼 비극적인 일로 종교적인 의식을 고취하려고 하였음을 보여준다. 우리를 놀라게 하는 이 사건에서 많은 상상력을 야기하고 있다.

이스라엘이 된 야곱

(창세기 35장)

야곱은 세겜에 살면서 재미를 보지 못하고 그곳을 떠나게 된다. 시므온과 레위는 경솔하다 할 살륙의 사건을 아버지와 상의도 없이 저지르고 말았다. 야곱은 두 아들의 지혜롭지 못한 행동이 늘 마음이 걸렸을 것이다.그러나 야곱이 그 곳을 떠나게 된 것은 하나님의 직접적인 명령에 의한 것이다. 하나님은 야곱이 그 형 에서를 피하던 때에 나타났던 곳으로 가서 제단을 쌓으라고 하신다. 야곱은 수시로 하나님께서 나타나셔서 하시는 말씀을 따르는 복 있는 사람이었다.

그는 모든 가솔들에게 하나님의 명령을 전하면서 떠날 채비를 하라고 한다. 그러면서 하는 말이 "너희 중에 있는 이방 신상들을 버리고 자신을 정결하게 하고 너희들의 의복을 바꾸어 입으라"(2절)고 한다. 말하자면 순례길에 들어선 그들에게는 몸을 정결하게 하는 일이 중요했던 것이다. 그때까지 라헬의 드라빔처럼 이른바 이교적인 부정한 우상들이 더러 있었음을 알 수 있다. 야곱은 이러한 모든 불결한 것을 척결하는 것이 하나님을 순례하는 기본 자세가 된다고 본 것이다.

순례는 중요한 종교의식으로 순례하는 자는 모든 정결치 못한 것을 버려야 한다. 그리고 깨끗한 의복으로 갈아 입고 정결한 모습을 갖추어야 한다. 그들은 가지고 있던 모든 이방신상들과 귀고리 등 하나님이 싫어하는 모든 것을 거두어 야곱에게 주었고 야곱은 이를 세겜 근처 상수리나무 아래에 묻었다고 한다. 상수리나무는 역시 거룩한 나무로 그 앞에 묻음은 하나님 앞에서 하는 일종의 정화작업이라는 의미일 것이다. 그래서 모든 불결한 요소는 하나님 앞에 전혀 설 수 없음을 다짐하는 것이다.

그들이 고을을 떠날 때에 행여 있을지도 모를 보복을 하나님께서는 단호히 배격하시어 안전하게 떠나게 된다. 그들이 이른 곳은 벧엘이라는 곳이다. 그는 거기서 제단을 쌓고 '엘벧엘'이라 하였다. 하나님이 나타나시는 일, 제단을 쌓는 일, 이름을 기념하여 붙이는 일 모두가 그 곳이 보통의 장소가 아님을 보여준다.

홍길동이 실존 인물인지도 모르고 거기에 더하여 이곳이 홍길동 생가라고 엄청난 돈을 퍼부어 한옥을 짓고 의미를 붙이는 행위는 삼척동자라도 웃을 일이지만 실제로 그러한 일이 행해지고 있다. 이런 일들에 비하면 하나님이 현현하시고 복을 주시며 두고두고 거룩한 장소로 사람들의 순례의 장소가 됨은 하늘과 땅의 차이나 될 일이다. 그러한 유서 깊은 곳에 유력한 사람 드보라가 묻히고 나무에도 이름을 붙이기도 했다.

야곱은 거기서 다시 하나님으로부터 복을 받고 야곱이라는 이름도 새롭게 이스라엘이라는 이름으로 부여 받는다. 하나님이 지어주신 이름은 얼마나 영광스런 이름인가? 옛날에 임금님이 서원의 이름을 지어 써주시는 사액(賜額)이 황송해서 두고두고 기념하여 소중히 여기는 것을 흔히 볼 수 있다. 임금이 내려도 그러하다면 하물며 천지의 주재이신 하나님이 내리신 이름이라면 두말할 필요가 없을 것이다. 이스라엘은 이제 약속의 백성의 대표적인 이름이 될 중요한 의미까지 지닌 것이다. 야곱에게서 한 백성과 총회가 나온다고 말씀 하신다. 하나님의 약속은 한 번에 그치지 않고 다시 확증하고 거기를 떠나신다. 얼마나 좋은 곳이 그 곳인가? 그래서 그는 돌 기둥을 세우고 그 위에 기름을 붓고 전제물을 부었으며 벧엘이라고 이름을 불렀다.

16절 이하는 라헬이 두 번째 아들을 낳는 이야기이다. 그는 소원한 대로 두 번째 아들을 낳는데 그가 나오면서 얼마나 고통이 컸던지 그 고통을 이기지 못하고 죽고 만다. 그래서 그 이름을 베노니 곧 '슬픔의 아들'이라 했지만 아버지는 슬픔을 차단하고자 "오른 손의 아들"이란 의미를 가지는 베냐민이라고 한다. 야곱이 그토록 사랑한 사람이었건만 왜 먼저 가고 마는지? 알 수 없는 일이다. 야곱에게는 너무 안타까운 일이 아닐 수 없다. 23절 이하는 야곱의 열두 아들의 목록이 나오며 또한 아버지 이삭의 죽음을 언급한다.

사람들은 하나님 앞에서 그의 일들을 마치고 하나하나 이 땅의 삶을 마감하여 하나님께 돌아가는 것을 보여준다. 가는 뒷모습은 쓸쓸하지만 박수를 보내지 않을 수 없다. 험한 인생을 하나님을 따르며 살려고 얼마나 애쓰고 고생을 했던가? 그게 곧 인생의 길이라면 그들을 따르는 우리 후생들도 저들처럼 하나님을 따라 힘쓰고 노력하여 후회없는 인생을 살 일이다.

에서와 그 후손들

(창세기 36장)

믿음을 갖지 않은 사람들이 성경을 읽으면서 제일 싫어하는 부분이 36장처럼 지루하게 족보가 나오는 경우이다. 처음부터 끝까지 사람들의 이름이 나온다. 관심도 없는 사람들의 이름이 이어질 때에 무슨 재미가 있겠는가? 우리 믿는 사람도 사실 이런 부분을 잘 읽지 않는 것이 사실이다. 다이제스트 성서가 있는데 거기에 보면 역시 창세기 36장은 통째로 빠져 있다.

사실 족보란 자기 족보도 제대로 안 보는 세상에 남의 족보에 관심을 갖기란 어려운 일일 것이다. 그렇다면 창세기의 이러한 족보는 무슨 의미가 있을까? 족보를 통해서 하나님이 창조하신 족속들이 어떻게 퍼져나가 한 가정에서 부족으로 그리고 나라를 이루며 확산되는가를 보여준다. 약속의 백성인 야곱 자손과 밀접한 관계를 가진 에서의 후손은 36장을 끝으로 더이상 나오지 않는다.

에서는 사실상 여기서 퇴장한다. 그럼에도 하나님의 복은 야곱이나 에서 그리고 더 나아가 모든 백성에게 미치는 크고 넓은 것이다. 비록 약속의 백성이 아브라함, 이삭, 야곱으로 이어지나 아브라함에게서 떨어져 나간 롯, 이삭에게서 떨어져 나간 이스마엘, 야곱에게서 떨어져 나간 에서도 하나님의 보호와 사랑에서 제외된 사람들은 아니다. 한 가족이었던 사람들이 장성하면 떨어져서 분가하기 마련이고 그래서 사람들은 퍼져 나간다. 포기포기로 나뉘어감은 자연의 이치가 아닌가? 이삭이 품안에 야곱과 에서를 안고 있을 때에 오손도손했지만 장성하면 서로 분가함이 세상의 이치인 것이다. 서로 헤어질 때나 살아 가면서 그 뿌리를 생각하며 우애하는 사람들이 되어야 할 것이다.

중국 삼국시대 위나라 무제인 조조의 아들에게 조비와 조식이 있었다. 이 삼부자는 당시의 건안문학을 주도하는 사람들이었다. 동생인 조식은 어려서부터 천재적인 재주를 보여 아버지 조조의 사랑을 많이 받았다. 그런데 형 조비가 천자가 된 뒤에 동생을 못살게 하여 동생은 불우한 나날을 보냈다. 어느날 형 조비는 아우에게 일곱 걸음을 걸을 동안에 시 한수를 지으라고 명령을 한다. 그때에 지은 시가 유명한 칠보시이다.

"자두연두기(煮豆燃豆萁)하니 두재부중읍(豆在釜中泣)이라. 본시동근생(本是同根生)인대 상전하태급(相煎何太急)이라"고 하였다. 뜻을 보면 '콩을 삶는데 콩대를 태우니 콩이 솥 가운데서 우는도다. 본래 한 뿌리에서 낳는데 서로 들볶음은 어찌 저리 심할까?' 라고 풍자하고 있다. 형제가 어려서는 한 이불 덮고 아옹다옹 재미있게 살았는데 눈앞에 권력이라는 괴물이 등장하니 형제애고 뭐고 없는 원수가 된다면 이는 근본 사람의 아름다움을 팽개치는 금수에 가깝다 하지 않겠는가? 무릇 그 뿌리를 보면 모두 한 뿌리에서 나왔음을 알아 내 형제로 위하고 우애를 나누는 삶이 되어야 할 것이다. 에서의 그 많은 사람들도 알고보면 아브라함과 이삭의 피가 나뉘어서 그렇게 된 것이 아닌가?

인간은 창조주 하나님의 창조라는 한 근원에서 퍼져나간 이웃임을 알아 사랑하는 것이 창조주의 뜻을 따르는 것이다. 더러 어떤 사람은 복을 더 받고 어떤 이는 복이 적지만 모두가 그 분에 알맞게 살아갈 때에 편안함이 있다. 사람에게는 타고난 명(命)이라는 것이 있고 그 명을 순응하면 모든 것이 편안하다.

집안에 큰 귀한 그릇이 있고 조금 덜 귀한 그릇이 있지만 모두 똑같을 수는 없다. 그릇대로의 역할만 제대로 한다면 다 쓸모있는 것이 아닌가? 우리 모두는 하나님은 왜 나를 이 세상에 내실 때에 이 모습으로 보내셨을까를 곰곰히 생각하여 따라 살면 기뻐하실 것이다. 장미만 아름다운 것이 아니라 저 들에 핀 야생화도 알고보면 심히 아름답다. 다만 차별하기를 잘하는 인간의 눈에는 좋고 나쁨이 있어도 하나님은 여러 모양을 함께 좋아 하신다. 에서의 아들들은 비록 그약속의 백성은 되지 못하였지만 그들도 하나님의 복으로 살아갈 사랑하는 사람들이다. 하늘에서 낸 백성치고 아름답지 않은 백성은 없다.

《시경》에 보면 "천생증민(天生蒸民)하시니 유물유칙(有物有則)이로다. 민지병이(民之秉夷)라 호시의덕(好是懿德)이라"하여 하늘이 뭇 백성을 내시니 사물이 있으면 법이 있도다. 사람들이 마음에 떳떳한 본성을 가지고 있는지라 이 아름다운 덕을 좋아한다고 한다. 사람들은 다 좋은 것이다. 나와 동시대를 걸어가는 모든 사람을 위해 좋은 일하고 복을 빌어주고 사랑해 주자. 왜 하나님이 이 백성을 내셨기 때문에 아름다운 존재들이므로.

늦아들의 시련

(창세기 37장)

창세기 37장 이하 50장을 이른 바 요셉의 이야기라고 한다. 요셉을 중심으로 그 형제들 사이에 일어난 이야기가 주를 이룬다. 라헬은 오랫동안 기다리던 아들을 얻었는데 그가 바로 요셉이다. 야곱은 자녀를 많이 낳았지만 특히 요셉을 아끼고 사랑해서 뜻하지 않은 문제가 생긴다. 흔히 늦게 얻은 자식에게 많은 관심과 사랑을 베푸는 것을 본다. 어느 자녀인들 사랑하지 않는 바는 아니지만 늦둥이에 대한 관심은 오래 함께 하지 못하는 아쉬움의 보상적 차원의 사랑인지도 모른다. 어쨌든 요셉은 그 아버지의 사랑과 귀여움을 받는다. 그는 열일곱의 소년으로 형들이 양을 칠 때 따라다니며 심부름을 한다. 여러 식구가 살다보면 말이 많기 마련이다.

특별히 창세기 기자는 야곱의 첩들인 빌하와 실바의 자녀들이 하는 험담을 아버지에게 전하고는 했다. 어떤 나쁜 마음을 먹고서 하는 악담은 아닐 것이다. 커다란 아들들은 아버지 대하기를 서먹서먹하는데 반해 곰살궂은 요셉은 야곱의 편에서 볼 때에 한층 은근한 사랑이 더했을 것이다. 그래서 그에게는 채색옷을 지어 주었다고 한다. 채색옷이란 소매가 길고 발까지 닿는 긴 옷으로 사치스런 옷이었다. 이것을 모르는 형들이 아닌지라 적지아니 화가 났고 그에게 적대감이 생기게 된다. 많은 자녀를 둔 부모는 이런 점을 주의해야 할 것이다. 옷 하나 신발 하나, 먹는 것까지도 고르게 나누어 줄 때에 그들의 마음이 편한 것이다. 장성해서까지 어려서 부모로부터 차별당해 서운했던 얘기를 하는 것을 간혹 들을 때 그들의 상처가 적지 않았음을 느낀다. 그래서 한편 형제들의 입장도 이해할 만하다.

이러던 차에 요셉이 꿈꾼 이야기를 함으로 형제들의 분노는 극도에 달한다. 요셉은 분위기를 모르고 순진하게 한 이야기인가 아니면 당신들은 장차 나에게 이렇게 엎드려야할 사람들임을 의기양양하게 한 말인가? "…내 단을 둘러서서 절하더이다"(7절 하). 기자는 이 꿈을 하나님의 참된 예언으로 확신하며 언급한다. 이 말이 그들에게는 참으로 충격적인 말로 들렸을 것이다. 꿈많은 젊은이들이 보잘것없이 되어버린 그 모습을 평정한 마음으로 받을 자가 흔하지 않다. 그래서 "그를 더욱 미워하더니"(8절 하)라고 하였다. 두 번째 꿈 이야기를 부모 형제들 앞에서 했을 때에는 야곱이 화를 내면서 그를 나무라는 것을 볼 수 있다. 그럼에도 야곱은 그 말을 간직해 두었다고 한다.

상황은 극도로 악화되어 요셉이 위기를 맞게 된다. 아버지의 심부름으로 세겜에서 양치는 형제들에게 갔을 때에 만나지 못하고 도단으로 가서 만난다. 멀찍이 오는 요셉을 본 형제들은 그를 죽일 것을 계획한다. 그를 물구덩이에 던져 죽이자는 것이었다. 겨울에 오는 빗물을 받아 여름에 사용하려는 목적으로 판 웅덩이에 빠뜨리자는 것이다. 이 때에 맏아들 르우벤은 책임이 있는지라. "피를 흘리지 말라"(22절)고 하면서 아버지에게 돌려 보내야 한다고 말한다.

그러나 이러한 말도 소용없이 요셉은 형들에 의해서 옷이 벗겨지고 구덩이에 던져진다. 이때에 이스마엘 사람들이 애굽을 오가며 장사하던 차에 이곳을 지나게 되어 마음이 놓이지 않던 유다가 제안하기를 "우리가 우리 동생을 죽이고 그의 피를 덮어둔들 무엇이 유익할까?"(26절)라고 말한다. 고대인들에게 형제 살인은 더욱 무거운 범죄였다. 피의 범죄는 헤아리기 어려운 심각한 범죄이다. 그는 흘린 피는 덮어 버릴 수 없다고 한다. 피의 호소, 피의 울부짖음은 무엇으로도 덮을 수 없는 큰 죄악이다. 유다가 형제의 피를 덮을 수 없다는 말에 그들은 따르지 않을 수 없었다. 그 때에 미디안 상인들이 지나감을 알고 요셉을 구덩이에서 꺼내어 은 이십에 이스마엘 사람들에게 팔았다고 한다.

여기서 이야기의 조리가 좀 부족함을 볼 수 있다. 두 전승이 나란히 들어와 있음을 보여준다. 요셉을 사간 사람들이 이스마엘 상인들인가 아니면 미디안 상인들인가? 뒤범벅이 되어 있다. 이스마엘의 아들들이라면 요셉의 아저씨 쯤되는 사람들이다. 시대가 어긋짐을 알 수 있다. 어쨌든 요셉은 이렇게 해서 애굽으로 팔려나가는 신세가 되었다. 르우벤은 이런 사실을 알고 옷을 찢으며 "아이가 없도다 나는 어디로 갈까"(30절)라고 한탄한다. 그가 어디가서 무엇을 어떻게 해야 할지를 모르는 절망감이 엄습했을 것이다.

형제들은 이제 요셉의 채색옷에 염소의 피를 발라 아버지에게 보임으로 완전 범죄로 끝내려는 것이다. 이를 본 야곱은 악한 짐승에게 잡혀 먹혔음을 확신하고 "옷을 찢고 굵은 베로 허리를 묶고 오래도록 그 아들을 위하여 애통"(34절)했다고 한다. 좋으라고 지어준 채색옷이 이렇게 피의 옷이 될 줄은 꿈에도 생각 못했던 야곱이 아닌가? 그는 아들이 간 스올로 가겠다고 하면서 자녀들의 위로를 막무가내로 막았다. 그는 죽을 때까지 탄식하며 살 것이며 죽은 후에도 다시 요셉을 만나리라는 희망을 버리지 않는다. 그가 일찍이 아버지를 속여 많은 일을 꾸몄는데 이제는 이처럼 아들들한테 속임을 당하는 신세가 되고 말았다. 사랑하는 자식의 죽음을 지금 어디에

묻을 수 있을까? 오죽하면 부모 앞에 죽는 것이 불효중의 불효라고 했을까? 그만큼 부모 마음을 아프게 하는 것이 자식의 죽음이다.

그러나 냉정을 찾아 생각하면 이야기는 요셉을 통해서 조상들의 역사에서 이스라엘 백성의 역사로 넘어가는 다리가 됨을 깨닫게 된다. 요셉은 이처럼 중대한 변화의 매개고리가 되는 셈이다. 어느 재벌 총수가 "시련은 있어도 실패는 없다"고 해서 유명한 적이 있었다. 요셉은 누구에 못지않은 엄한 시련을 당한다. 그러나 그 시련 가운데서도 한 민족을 세우는 위대한 역사의 중심에 서게 된다. 시련은 있어도 하나님의 뜻은 창대하리라.

그는 나보다 옳도다

(창세기 38장)

옛 사람과 지금 사람의 삶의 방식의 차이로 우리는 종종 당황스런 경우가 있다. 사람이 시대마다 살아가는 방법이 어찌 다르지 않겠는가? 불과 수년 전에 입었던 옷도 꺼내서 입기가 어려운데 하물며 수많은 세월과 먼나라의 풍습이 어떻게 쉽게 용납되겠는가?

창세기 38장은 요셉의 이야기를 잘라 갑자기 유다의 이야기를 함으로 야곱의 이야기를 마무리하는 셈이다. 1-11절은 12절 이하의 본론으로 들어가기 전의 배경을 설명하는 내용이다. 이야기의 시작은 유다가 형제들을 떠나 가나안 사람들이 사는 지역에서 여자를 만나는데 그는 수아의 딸로 그에게서 세 아들을 낳는다. 그들의 이름은 엘, 오난, 셀라로 삼 형제였다. 유다는 장자 엘을 위해 역시 가나안 여자 다말을 며느리로 맞이한다. 여기서 유다나 그 아들이 모두 이방 여인을 아내로 맞이하는 것이 특이하게 보이지만, 당시는 후대의 이방인과의 통혼금지가 확립되지 않은 때였다.

그런데 애석하게도 엘이 하나님 보시기에 악해서 하나님이 그를 죽였다고 한다. 당시의 풍습으로는 큰 아들이 소생 없이 죽으면 시

동생과 혼인하는 관례를 따라 유다가 오난에게 형수를 맞아 형을 위하여 씨가 있게 하라고 한다. 이는 이른바 수혼제도(Levirat)로 당대의 관습이었는데, 사람이 후손을 통해서 계속 산다는 생각의 반영이다. 오난은 그런 의무를 제대로 행해야 함에도 불구하고 사심을 갖고 결정적인 순간에 "땅에 설정"했다. 이런 행위가 하나님께 가증한 행위로 보이지 않을 수 없었고 마침내 그는 하나님의 심판으로 죽는다.

삼 형제 가운데 두 형제를 잃고난 유다로서는 난감하기 이를 데 없었을 것이다. 법대로 한다면 막내로 하여금 씨를 얻게 해야 하지만 불길한 생각이 들었던 모양이다. 마지막 남은 아들마저 죽는다면 최악의 현실이 아닐 수 없다. 옛 사람들은 어떤 여자들은 남자를 죽이는 무엇이 붙어 있다고 추측하였기 때문이다(토빗 3,7이하; 8, 9, 10 참조). 속된 말로 집안에 남의 여자 잘못들어오면 집안 망한다는 말도 그러한 류의 말이다. 그래서 유다는 다말로 하여금 친정에 가라고 하면서 막내아들이 장성하기를 기다리라고 한다. 다말은 아마 그 말이 못마땅였을 것이다. 친정으로 가는 경우는 끝내 자식이 없는 과부에 한했기 때문이다(룻 1:8 이하; 레 22:13).

유다도 그 아내가 죽게 되어 어느날 딤나라는 자기 농장에 이르게 된다. 이 사실이 다말에게 전해지자 다말은 대단한 결단을 하였다. 그는 과부복을 벗고 너울로 온몸을 감싸고 딤나 부근 길가에 앉는다. 이는 당대의 창녀들이 하던 행위로 다말이 상처한 유다를 유혹하려는 도발적인 행위이다. 그렇게 하기까지는 14절의 "셀라가 장성함을 보았어도 자기를 그의 아내로 주지 않음"이라 한다. 그는 지금 억울한 처지에 있다고 생각한다. 그래서 좀 충격적이지만 비상수단을 쓰지 않을 수 없다. 죽은 남편을 위해서 그의 의무를 얼마나 철저하게 다하려 하는가? 눈물나는 집착을 보여준다.

순리적으로 일이 이루어지지 않을 때에는 그 때를 놓지지 않고 일을 저지르고 난 후에 수습하자는 대담한 여인의 모습으로 보인다. 유다는 이런 다말의 계획을 모르고 그 덫에 걸려들고 결국 도장과 지팡이를 화대를 위한 담보물로 제공한다. 이런 간단한 계기로 유다는 빠져나갈 수 없는 함정에 빠지고 만다. 이것은 다말에게 해야할 정당한 조치를 다하지 못한 대가일 수밖에 없다. 이런 일이 있은 다음 서너달이 지나 유다에게 이상한 소문이 들렸다. 다름아니라 다말이 행음하고 임신을 했다는 것이다.

유다는 집안의 가장으로서 행음한 사람에게 내리는 극형인 화형을 선고한다. 성문 밖에서 성읍 사람들이 모두 모인 가운데 죄인을 불태우는 것이다. 다말은 이런 모든 일을 다 알고 기다렸다는 듯이 변호, 변명, 구호에 관한 일언반구도 하지 않는다. 다만 끌려 나가기 직전에 그가 고이 간직한 담보물을 보임으로 뱃속의 아이가 누구인가를 보여준다. 이제는 모든 책임이 유다에게 넘겨진다. 유다 자신이 그녀가 무죄임을 입증하지 않으면 안 되는 시점이다. 그는 감탄하지 않을 수 없었고 다음과 같은 말로 손을 들고 만다. "그는 나보다 옳도다 내가 그를 내 아들 셀라에게 주지 아니하였음이로다"(26절 중).

지금까지의 다말이 뒤집어 쓴 죄는 유다에게 넘겨지고 다말은 정당함으로 거듭난다. 유다의 사심이 다말의 극단적 결단을 가져왔고 모든 일은 해결점에 도달한다. 유다가 가장으로서 하지 못한 일을 나이 어린 며느리가 주도적으로 문제를 깨끗하게 해결한다. "그는 나보다 옳도다"라는 말은 죄의 고백이자 죽을 뻔한 다말을 살리는 무죄의 선언이다. 이렇게 함으로 다말은 쌍둥이 베레스와 세라를 얻는다. 그리고 유다가 그녀에게 더 이상 손대지 않았다하여 며느리로 간주했다고 한다. 이야기는 여기서 끝난다.

그러나 과연 다말은 누구의 아내가 되었는지 불분명하다. 그러나 대담한 여인이 지혜로운 행동을 보여 자신의 권리를 되찾는 과부의 행동이다. 그가 사용한 방법이 비록 지탄의 대상이 될 수도 있지만 도덕적인 문제에 관심을 갖기보다는 인간적인 측면에서 쓰여지고 있다. 야훼 하나님은 여기에 가타부타를 말하지 않고 그런 일에도 임재하셔서 섭리하신다. 한 여인이 그녀의 남편과 그 가문이 원하는 일을 성취하였다. 윤리의 평가는 다른 문제로 남는다. 근친상간이라는 현대적인 잣대를 섣부르게 거기에 대할 수는 없다. 누구보다도 일의 당사자인 유다가 그녀의 정당성을 인정하고 나선다. 다말의 아들은 다윗의 조상들 중의 한 사람이라고 룻기는 말하고 있다(룻 4:18-22). 그리고 마침내는 예수까지 이른다(마 1:3).

그의 행동은 다윗 왕조와 메시아의 계보에서 빼놓고 생각할 수 없는 부분이다. 우리의 도덕적 판단이 유보되어야 할 것이다. 심지어 델리취는 그녀를 가리켜서 "구약성서적 기준에 따라 성녀(聖女)"라고 했다.

하나님의 함께하심

(창세기 39장)

요셉의 삶은 한마디로 파란만장한 삶이다. 한 고비를 넘기면 다른 고비가 기다리고 있다. 라헬이 그를 낳았을 때에는 대단한 경사였는데 많은 형제들 틈에 끼어서 적지않게 시련을 당하고 있다. 어머니가 오래 살면서 그를 거두고 뒤를 돌보았어야 힘을 받았을 텐데 어머니마저 일찍 여의고 외롭게 살았다.

그는 드디어 이집트까지 팔려오는 참으로 딱한 신세가 되었다. 외로운 배가 망망대해로 내몰린 격이다. 앞으로 그의 삶은 전적으로 알 수 없는 위험 가운데 대책없이 내던져진 것이다. 누가 그의 뒤를 돌보아 줄 것인가? 이집트에 팔려온 그의 심경은 표현되어 있지 않아 잘 알 수 없지만 아마도 죽고 싶은 마음이 떠나지 않았을 것이다. 아버지로부터 특별한 사랑을 받던 사람이 이처럼 낯선 곳에서 평생 노예로 끌려다녀야 한다니 날이면 날마다 한숨이었을 것이다.

그가 떨어진 곳은 바로 왕의 경호대장인 보디발의 손이다. 오직 한 목숨이 그에게 달려 있다. 그러나 그렇게 된 것은 오히려 잘 된 일이라고 성서는 말한다. 하나님이 그와 함께 하신다고 한다. 이런 고백은 다름아닌 요셉의 주인이 한 것이다. 하나님이 함께하는 요셉은 그 주인도 어찌하지 못하고 오히려 주인에게 은혜를 입히는 것을 본다. 그가 요셉에게 맡긴 일은 가정 총무의 일이다. 그리하여 그 소유의 모든 것을 그에게 맡겼다고 하니 얼마나 요셉을 신임했는가를 가늠해 볼 수 있다. 자신이 해야 할 일을 부인에게도 그 누구에게도 맡기지 않고 먼나라에서 온 낯선 사람에게 맡길 정도면 그 신임도를 알 수 있다. 요셉이 그만한 인물이 되고 또한 하나님이 그 모든 정황을 준비하신 것이리라.

인물이 되어도 하나님이 돌보시지 않으면 하는 일마다 꼬이고 어려워지지만 복을 받은 사람은 모든 것이 준비된 것처럼 순조롭게 된다. 한 여름 큰 나무 밑에서 많은 사람이 덕을 보듯이 요셉은 복을 받은 사람인지라 요셉 주변에 있는 사람도 함께 복을 받는 것을 본다. 복 있는 사람은 옆에만 있어도 함께 이로워지는 것을 많이 본다. 친구따라 예수 믿는 사람이 많이 있다. 이것은 친구 때문에 악의 소굴로 빠지는 사람이 있는 것과 얼마나 대조되는 일인가?

5절에 "야훼께서 요셉을 위하여 그 애굽 사람의 집에 복을 내리시므로 야훼의 복이 그의 집과 밭에 있는 모든 소유에 미친지라"고 한다. 그런데 요셉에게도 어려움이 다가오고 있었다. 그는 용모가 빼어나고 아름다웠다. 그의 어머니가 누구인가? 라헬은 그 욕심쟁이(?) 야곱이 홀딱 반한 여자가 아니던가? 그 라헬이 낳은 아들인지라 준수한 용모를 지녔다. 차마 이것이 어려움을 가져올 줄을 어떻게 알았겠는가? 보디발의 아내는 요셉의 용모에 반해서 적지아니 그에게 추근거리는 엉뚱한 일이 일어난다. 요셉은 충실한 종으로 입장이 참 어려웠다. 마침내 그는 입장을 분명히 할 필요를 느끼고 단호하게 말하기를 "…금한 것은 당신뿐이니…내가 어찌 이 큰 악을 행하여 하나님께 죄를 지으리이까"(9절)라고 신앙고백적인 실토를 한다.

하나님을 두려워할 줄 아는 요셉의 모습이다. 죄악에 맞서서 하나님의 경외심이 이 정도가 되어야 참된 신앙이라고 할 수 있다. 그 정도면 알아차리고 물러나야 할 보디발의 아내는 더 노골적으로 추근거리므로 "…그와 함께 있지도 아니하니라"(10하)고 하였다. 그녀는 이제 강압적으로 그를 놓지 않으므로 요셉이 도망하고 이 일은 마침내 큰 사건이 되고 만다. 보디발의 아내는 요셉을 모함하여 마치 그가 강간하려는 사람으로 둔갑시킨다. 큰 일이 아닐 수 없다. 남의 아내를 간음하는 자는 극형에 처해진다. 노예로서 이런 일을 저질렀으니 마땅히 처형을 당할 처지가 된 것이다. 그는 자신의 죄악을 몽땅 요셉에게 뒤집어 씌워 희생물로 삼고 눈앞에서 없애려는 무서운 죄를 저지르고 있다.

우리는 과거 독재정권 하에서 무서운 죄악들이 이처럼 뒤집어 씌워져 희생되는 것을 많이 보았다. 인간의 죄는 완전 범죄에 이르도록 연속으로 꾸며지지만 그게 어떻게 덮어지겠는가? 어리석은 인간들의 착각일 뿐이다. 반드시 드러나고 누군가의 심판을 꼭 받고야 만다. 보디발의 아내는 일을 역으로 꾸며서 남편에게 고하고 마침내 요셉은 감옥으로 끌려 간다. 요셉은 얼마나 억울했겠는가? 일이 잘 되어간다고 생각했는데 준수한 용모가 화근이 될 줄을 꿈에도 몰랐던 것이다.

그런데 하나님이 그와 함께 했다고 한다. 우리는 이 대목에서 다니엘과 사도 바울을 생각하게 된다. 그들 모두 최악의 처지에서 하나님의 도우심으로 희생되지 않았음을 본다. 21절은 "야훼께서 요셉과 함께 하시고 그에게 인자를 더하사…"라고 하여 감옥 안에서도 하나님의 은혜를 보게 된다. 간수장이 은혜를 받고 요셉에게 중요한 직책을 맡기는 것을 본다. 모든 감옥 안의 일들이 틀림없이 이루어지고 어긋나지 않았다. 그것은 "이는 야훼께서 요셉과 함께 하심이라 야훼께서 그를 범사에 형통하게 하셨더라"(23 하)고 하여 그 어느 곳에서도 하나님이 요셉과 함께 하심을 보여 준다.

요셉은 오뚜기와 같은 사람이다. 사람들이 온갖 모략과 중상을 일삼아도 우뚝우뚝 서는 것을 본다. 힘이나 권력이나 세력이 그를 어쩌지 못함을 확실하게 볼 수 있다. 그 원인이 어디에 있는가? 단 하나의 원인: '하나님이 그와 함께 하심'이다. 우리의 평생이 하나님과 동행하는 삶이 되도록 삶의 고비고비를 지혜롭게 넘어가는 큰 믿음을 갖자. '하나님이 그와 함께 하심'이다.

심연에서도 믿음으로

(창세기 40장)

요셉은 타국에서 노예의 처지에다 감옥에 갇히는 신세가 되었다. 그 앞날에 희망이라고는 조금도 보이지 않는 인생의 캄캄한 궁지에 몰리어 있다. 사람들이 살면서 뜻대로 되지 않을 때에 흔히 목숨을 포기하는 일이 있는데 요셉이 지금 그럴만한 처지라고 해도 과언이 아니다. 젊은 요셉은 어떻게 그 어려운 처지를 헤쳐 나가는 힘을 얻을까? 누가 그를 밖에서 변호하고 구해줄 사람이 될 것인지. 사람이 살면서 어렵다고 생각할 때마다 성서의 고난에 처한 사람을 가만히 명상해 봄은 격랑을 헤치는 색다른 용기를 얻게 한다. 순탄한 삶의 길도 좋지만 어려운 길을 헤쳐 나감은 삶을 보다 강인하게 하는 채찍이라고 볼 수 있다. 안명(安命)은 주어진 분을 달게 받아 열심으로 헤쳐가는 성실한 삶의 자세이다.

요셉은 감옥에서 두 관원장을 만난다. 그들은 바로왕의 술과 떡을 맡은 고위 관리이다. 왕 옆에서 시중을 드는 사람은 그만큼 왕이 신임하는 측근들로 누구보다 힘을 가진 사람이다. 어쩌다 저들이 왕에게 죄를 짓고 지금 감옥에 갇히게 된 것이다. 그들은 친위대장의 집안에 있는 감옥에 갇혀서 그 곳에 있는 요셉을 만나게 된 것이다. 39장(22-23절)이 언급한 관리자 요셉이 다시 그들을 섬기는 지위로 전락한 모습으로 혼란스럽게 소개되고 있다.

어느날 두 관원장이 꿈을 꾸고서 불길한 생각이 들었던지 근심하는 것을 요셉이 보았다고 한다. 사람들은 꿈을 무시한다고 하지만 이상한 꿈을 꾸면 되새기는 경우가 흔히 있다. 믿지 않아도 없었던 일과는 다른 것이다. 요셉이 그들에게 자초지종을 물었을 때에 관원장들은 꿈을 해석할 사람이 없다는 근심을 이야기 한다. 당시에 꿈은 일정한 교육을 받은 사람들이 기술적으로 해석하였다. 그러나 하나님을 믿는 요셉은 그런 관습과는 달리 인간의 모든 미래는 하나님께 달려 있음을 아는지라 진정한 꿈의 해석도 하나님께 있다고 대답한다. "해석은 하나님께 있지 아니하니이까"(8절 하). 막장에서도 흐트러지지 않은 요셉의 신앙의 모습이다. 꿈을 해석하는 인간적인 기술이 아닌 하나님의 은사를 앞세우고 있다. 사람들은 다급해지면 흔히 인간적인 방법으로 문제를 해결하려고 든다.

그러나 그는 의심없이 하나님께 모든 것을 의지하는 참된 신앙의 모습으로 빛나고 있다. 그래서 두 사람의 꿈을 듣고 한 사람에게는 사흘 안에 바로가 복직시켜 원상 회복됨을 이야기한다. 복직이 되거든 나를 생각하여 바로 왕에게 자신의 사정을 전달해 달라고 부탁까지 한다. 그러면서 그는 "옥에 갇힐 일은 행하지 아니하였나이다"(15절 하)라고 죄없음을 고백한다. 사실 사람에게 이처럼 말하지만 먼저 하나님께서 이 모든 사실을 모르고 있겠는가? 그럼에도 요셉은 인간적으로 그가 할 수 있는 방법은 모두 취하고 있다. 양심에 가책을 받지 않는 한 잠잠히 하나님만 바라고 있는 사람도 있겠지만 요셉은 적극적으로 사람에게 무죄를 확인하고 있다.

이번에는 떡 굽는 관원장이 이를 보고 마음에 들어 자신의 꿈도 이야기한다. 이를 들은 요셉은 안타깝지만 그에게 사흘 안에 죽임을 당할 것을 말해 준다. 아니나 다를까 제 삼일에 바로 왕은 요셉의 해몽과 같이 한 사람은 복직, 다른 한 사람은 형벌에 처하고 만다. 그리하여 요셉의 해몽은 비록 그가 훈련된 해몽가는 아니지만 틀림없이 풀어내는 역할을 하였다. 요셉의 해몽대로 풀려난 술 관원장은 부탁받은 내용을 잊었는지 아무런 효과가 없다. 그는 아마 자신의 일에만 관심을 두었지 은덕을 입은 것에 대해서 별다른 생각을 갖지 않은 사람으로 여겨진다.

어쨌든 요셉은 그 딱한 처지가 좀처럼 해결되고 자유로운 사람이 되는 길이 멀어만 보인다. 하나님은 장차 그를 어떻게 인도할지 궁금하지 않을 수 없다.

하나님이 대답하리라

(창세기 41장)

하나님께서는 해몽을 통해서 요셉을 위한 새로운 계획을 이루어 가신다. 하나님의 목표가 요셉의 상승에 있었다면 어찌 꿈으로만 목표에 이르게 하시겠는가? 인생살이의 구석구석을 통해서, 우리가 차마 모르는 것을 통해서도 그 계획을 이루실 것이다. 요셉은 술 관원장과의 약속이 무위로 끝나자 허탈한 느낌을 가지고 하루하루를 보내고 있었을 것이다.

그러나 전능하신 하나님을 믿는 사람으로서 언젠가는 무고의 혐의가 벗겨지는 날이 있으리라 믿으며 살았을 것이다. 그러던 차에 애굽의 왕 바로가 범상하지 않은 꿈을 꾸고 심사가 뒤숭숭하여 편하지 못했다고 한다. 일곱 암소와 일곱 이삭이 각각 되지 못한 것이 충실한 것을 먹고 삼키는 내용이다. 늘 하던 대로 점술가와 현인을 불러 해몽하려 했지만 이를 푸는 사람이 없었다.

그러자 전에 감옥에서 요셉과 함께 있었던 술 관원장이 자신의 꿈을 정확하게 풀어준 요셉의 이야기를 한다. 바로는 자신보다 더한 자가 없는지라 당장 옥에서 그를 불러 낸다. 지금 그에게는 해괴한 꿈을 푸는 것 이상으로 급한 것이 없었다.

왕이 당하는 모든 것은 곧바로 그 백성에게 해당하는 중대한 문제이다. 하루하루 만조백관들에게 물샐 틈이 없이 점검하는 왕으로서는 심상치 않은 것은 조금이라도 그냥 넘어가는 것이 있을 수 없다. 요셉은 결전의 용사답게 용모를 가지런히 해준대로 바로에게 들어간다. 바로는 요셉을 보고 하는 말이 "…들은즉 너는 꿈을 들으면 능히 푼다 하더라"(15절 하)고 한다. 이 말은 그가 얼마나 자신이 꾼 꿈에 대해서 궁금한가를 보여준다. 또한 요셉에게 책임지고 자신이 꾼 꿈을 풀어 달라는 의미였다. 일개 보잘것없는 이방 나라의 청년에게 이러한 큰 책임을 떠안게 함은 바로가 얼마나 곤궁한 처지였는가를 잘 보여 준다. 잘되면 충신이요 못되면 역적이 될 판이다.

여기서 냉정을 잃지 않은 요셉은 말하기를 "…내가 아니라 하나님께서 바로에게 편안한 대답을 하시리이다"(16절 하)라고 한다. 하나님을 앞세우는 청년 요셉의 지혜로움을 볼 수 있다. 요셉은 바로의 꿈을 듣고 단 번에 말하기를 "하나님이 그가 하실 일을 바로에게 보이심이니이다"(25절 하)라고 한다. 하나님은 우주만물을 다스리시는 분으로 지금 바로에게 무언가 새로운 역사를 보이고 있다는 고백이다. 지존하다는 바로에게 하나님의 권능을 선포하는 요셉의 당당함이 아닌가? 하나님의 크심은 세상 어디에서도 전하고 알려야 함을 그가 보여 주고 있다.

하나님은 지금 요셉에게 지혜를 주셔서 간단하게 꿈을 풀게 하였다. 애굽은 앞으로 칠 년 풍년이 있겠고 이어서 칠 년간 흉년이 계속되어 기근에 망한다는 내용이다. 그것이 모두 하나님이 정한 계획으로 애굽은 다른 길이 있을 수 없다고 한다. 그러면서 대안을 제시하기를 왕이 명철하고 지혜로운 사람을 등용해서 일을 맡기고 풍년에 애굽 땅의 오분의 일을 거두되 모든 곡물을 거두어 각 성읍에 저장하라고 한다. 사실 저장하는 것은 히브리적인 것은 아니지만 이

것이 흉년을 넘기는 방법이고 나라가 망하지 않는 길이라고 한다.

고대사회에서 무서운 것이 있다면 전쟁, 역병 그리고 기근이다. 말이 그렇지 칠 년 동안 흉년이 든다면 어떤 재앙보다도 무서운 재난이다. 전쟁에서도 죽지 않는 자가 있고 전염병에서도 살아 남는 자가 있지만 흉년을 이기는 장사는 세상 어디에도 없다. 우리 속담에 "흉년에 윤달"이라는 말이 있는데 흉년에 한 달만 길어도 죽을 지경인 것을 말한다. 흉년처럼 하루하루를 견디기 힘든 것이 없음을 겪어보지 않은 사람은 모를 것이다. 하물며 칠 년 흉년은 상상을 초월하는 재앙이다. 골짝골짝이 온통 마른 뼈들로 굴러다닐 것이다.

누구보다 흉년의 무서움을 잘 아는 바로는 사태가 심각함을 알고 즉각 신하들과 의논하여 말하기를 요셉은 "하나님의 영에 감동된 사람"이라고 하면서 위기를 극복할 사람인 요셉을 총리를 삼는다. 이스라엘 고대사회에서는 아직 이방인들과 교류함이 그렇게 엄격하지 않았음을 볼 수 있다. 요셉을 세운 바로는 그 백성이 모두 요셉에게 복종하리라고 말한다. 전적으로 요셉을 따르도록 조치하겠으니 걱정 말고 잘 다스려 달라는 요청인 셈이다.

그리고 인장 반지를 주고 세마포를 입히고 금 사슬을 목에 걸게 하며 높은 수레까지 딸려서 수종들게 하여 전국을 다스리는 총리로 삼는다. 명실상부한 최고의 권력을 위양하는 형식을 갖추어 주고 있다. 이렇게 요셉은 옥살이에서 애굽의 최고 자리까지 오른다. 하나님은 청년 요셉을 이렇게 세우신다. 그리고 요셉은 애굽식 이름까지 받고 태양신 온의 제사장 보디베라의 딸 아스낫을 아내로 맞는다. 가정적으로나 국가적으로 최고의 대접을 받고 있다. 말하자면 요셉은 일단 애굽 사람이 된 것이다.

요셉이 총리가 된 뒤에 과연 풍년이 들고 곡식을 거두어 각 성의 창고에 저장하니 그 수가 이루 헤아릴 수 없다고 한다. 그리고 그는 아내와 사이에 두 아들을 두니 므낫세와 에브라임이었다. 부귀와 모든 복을 골고루 받은 셈이다. 요셉은 아들의 이름을 통해서 그가 하나님께 감사하고 하나님이 그와 함께하심을 확증하고 있다. 요셉이 이처럼 하나님의 도우심으로 고관이 되고 애굽식 이름을 받으며 이방 사람과 결혼하는 등 너그러운 모습을 보임은 본문이 개방적 시대인 솔로몬 시대의 유래로 가늠할 수 있다. 풍년을 지난 애굽은 다시 흉년을 맞고 모든 나라들이 곤란에 빠졌을 때에 애굽은 준비된 곡식으로 살아갈 수 있게 된 것이다.

우리는 요셉을 통한 하나님의 모든 계획이 빈틈없이 이루어짐을 본다. 하나님께 사랑받는 사람 요셉은 타국에서도 없어서는 안 될 가장 긴요한 사람으로 우뚝 선다. 요셉을 시기하고 질투하여 죽이려 드는 사람이 많이 있었지만 하나님이 함께 하실 때에 마치 사자굴에서도 살아나는 다니엘처럼 어떤 함정에서도 가장 높이 올라서는 것을 눈여겨 보아야 한다. 하나님의 함께하심은 세상 무엇으로도 넘어뜨릴 수 없다.

괴로움을 보고도

(창세기 42장)

사람이 태어나서 배고파 죽은 역사는 이루 말할 수 없이 길다. 고대 이집트 무덤벽화는 하렘 합 장군 앞에 엎드린 아시아인들이 먹을 것을 구하는 것을 보여준다. 문명이 발전한 오늘의 시대도 세계 여러 곳에서 아직도 기아를 벗어나지 못한 처지이다. 실로 먹을 것이 없다는 것만큼 큰 고난이 없을 것이다. 사람이든 짐승이든 모든 생물은 때를 따라 먹어야 생존하는 것이다. 생존의 위협 앞에서 인간이 무엇을 할 수 있겠는가?

본문은 중동지방에 폭넓게 뒤덮은 한발과 기근 때문에 특별히 메마른 땅 가나안은 커다란 위기에 처한 것이다. 야곱의 식구들은 많은 입들이 더욱 난관에 빠지게 되었을 것이다. 별 궁리를 다해도 뾰족한 수가 없었다. 야곱은 많은 아들들에게 다그치기를 왜 바라보고만 있느냐! 그러다가는 다 죽고야 만다는 생각이 들었다. 식량을 구하기 위해 산지사방으로 흩어졌던 과거 우리나라 풍경이 선하다. 가난한 집안 자식들은 아들은 남의 집 머슴으로 가고 딸은 대도시 부잣집에 식모살이 가는 일이 비일비재였다.

야곱의 다그침은 생존을 위한 절박한 부르짖음이다. 야곱은 애굽에 가면 먹을 것이 있다는 말을 하면서 적극적으로 나설 것을 촉구한다. 그는 사랑하는 아들 베냐민을 뺀 나머지 아들들을 애굽으로 보낸다. 더욱 사랑하던 아내 라헬의 소생인 베냐민은 요셉을 대신한 그의 존재의 근거나 다름 없었다. 따라서 식량을 구하려 가다가 무슨 일이 생겨 잃을지 몰라 그는 남게 하고 나머지 열 아들을 보낸다. 때는 마침 요셉이 애굽에서 총리로서 잘 나가던 시절이다.

요셉은 아마도 고국에서 아버지와 형제들이 배고픔으로 고생할 것을 걱정하며 살았을 것이다. 형들을 만난 요셉은 온갖 생각이 다 들었을 것이다. 그는 복바치는 충동을 억제하고 형들의 마음을 떠보려는 조치를 취한다. 지난날의 앙금을 씻기 위한 진정한 화해는 절차가 필요했던 것이다. 요셉은 일단 시치미를 떼고 형들을 일단의 정탐꾼으로 몰아 세운다. 이에 놀란 형들은 자신들은 형제들로 곡물을 구하려 온 사람임을 이러저러한 말을 곁들여 주장한다.

요셉은 과거 자신의 꿈이 이루어지고 있음을 감지하면서 그들에게 막내 아우를 데려오지 않으면 나갈 수 없다고 하였다. 그래서 한 사람을 보내어 데려올 동안 갇혀 있어 그 말의 진실을 증명토록 한다. 그리고 삼일이 지나 요셉은 하나님을 경외하는 것을 천명하고 그들에게 안심하도록 한다. 그리고 마음을 바꿔 한 사람만 남고 모두 곡식을 가지고 가서 가족을 구하고 막내를 데리고 오라고 말한다. 일련의 이런 일들을 통해서 그들이 한 일에 대해서 반성하는 것을 볼 수 있다. "우리가 아우의 일로 말미암아 범죄하였도다 그가 우리에게 애걸할 때에 그 마음의 괴로움을 보고도 듣지 아니하였으므로 이 괴로움이 우리에게 임하도다"(21절). 사람은 누구나 자신의 처지로 다가올 때에 그 일의 실상을 제대로 알게 된다. 어린 요셉이 당한 고통은 생각하지도 못했지만 어려운 처지가 되고 보니 후회의 소리를 한다. 르우벤은 이를 두고 "핏값을 치르게 되었도다"(22절 하)라고 하였다.

이 모든 내용을 들은 요셉은 형제들이 하는 이야기를 듣고 돌아와 울었다고 한다. 자신은 그간에 얼마나 고통과 어려움을 겪었으며 악몽같은 세월을 보냈던가? 그 모든 일들이 주마등처럼 지나는 것을 보며 마음이 격하지 않을 수 없었을 것이다. 젊음의 세월이 어쩌면 그토록 모질었던가? 그 모든 것을 접어두고 그는 곡물과 돈을 도로 넣어 고향으로 돌아가게 한다. 형제들에 대한 요셉의 숨겨진 사랑이다. 그간에 있었던 아픈 추억들이 사그러지며 본래부터 간직한 형제애를 담고 또 담아 돌려 보낸다. 마치 딸자식이 잘 살기를 바라며 구메구메 싸서 보내는 친정 어머니의 간절한 마음을 연상케 한다.

중국 상고시대에 순임금은 역산에서 밭을 갈다가 천자가 된 사람이다. 얼마나 그가 훌륭했으면 농부에서 천하를 다스리는 왕이 되었겠는가? 요임금이 소문을 듣고 그를 직접 찾아가 왕으로 삼아 그 자녀들을 신하와 왕비로 준다. 그러나 순의 아버지와 계모 그리고 데리고 온 동생이 얼마나 악한지 모른다. 셋이서 그를 죽이려는 모의를 몇 번이나 했을 때 그는 용케도 피하고 도망가고 그리고 끝내는 그들을 받아들인다. 내가 부모 형제에게 잘 못해서 저렇게 대하는구나 하면서 그 모든 것을 자기 탓으로 돌린다. 순임금은 맑은 가을 하늘을 바라보면서 나는 복이 없어 부모 마음 하나를 얻지 못한 자라고 한탄을 한다. 천자가 되었을 때에 그들에게 벌을 줄 수도 있었지만 오히려 그들을 높이 쓰고 따뜻하게 대우한다. 자신이 당한 고통을 악으로 되갚지 않고 선으로 대하는 너그러운 모습이다.

요셉의 형들은 가나안에 돌아와 그 모든 일을 아버지에게 고하고 막내 아우를 데리고 오라는 명을 전한다. 그래야 정탐꾼이 아님이 증명되고 마음대로 움직일 수 있다는 것이다. 이런 소리를 들은 야곱은 베냐민을 잃을 것을 생각하며 탄식한다. 보다 못한 르우벤은 아들을 걸고 책임지고 무사히 되돌릴 것을 약속한다. 그럼에도 야곱은 들어줄 수 없음을 굳게 말한다.

이야기는 참 알 수 없게 돌아간다. 마치 28절에 “하나님이 어찌하여 이런 일을 우리에게 행하셨는가?”라고 하듯이 알 수 없는 삶의 소용돌이 속에서 죄와 형벌이 맞물려 있다. 이야말로 하나님의 숨은 손길이 엄연히 작용하고 있음을 알 수 있다. 하나님이 원하시면 인간사 알 수 없는 놀라운 일들이 얼마든지 일어난다.

잃게 되면 잃으리로다

(창세기 43장)

형들의 무서운 흉계로 말 한마디 제대로 못하고 헤어진 동생 베냐민을 수십 년 동안 그리워 하다가 요셉은 이제 그 동생을 만나게 되었다. 얼마나 감격적인 일인가? 물론 아버지 야곱도 얼마나 만나뵙고 싶었을까? 성품이 고운 요셉은 모두 다 잊을 수 없는 일이었다. 그래서 요셉은 온 정성을 다해서 형들을 되돌려 보냈다.

형제들이 아버지 이스라엘에 이르러 자초지종을 잘 말했지만 유난히 베냐민을 보내는 문제는 허락하지 않는다. 바로 이 점이 형제들의 고민이었다. 이번에는 유다가 나서서 저주에 가까운 말로 아버지의 마음을 되돌리려 한다(9절). 아버지는 왜 동생이 있다고 말해서 나를 괴롭히느냐고 한탄한다. 아마 이스라엘은 차라리 그때에 애굽으로 양식을 구하려 보내지 말 것이라고 후회도 했을 것이다.

이쯤되니 아버지로서도 더이상 어떻게 버틸 수 없는 처지가 되었다. 그 땅의 특산물들을 잘 준비하고 가져온 돈까지 보태 최대한의 배려를 주문한다. 모든 것을 걸고 최선을 다하는 모습이다. 그러면서 하는 말이 "네 아우도 데리고 떠나 다시 그 사람에게로 가라"(13절)

고 한다. 이 말이 나오기까지는 얼마나 많은 고통을 겪어야 했던가? 이제는 온전히 하나님께 맡기고 모든 일이 잘 되리라 믿음으로 나선다. 이스라엘이 하는 말 "내가 자식을 잃게 되면 잃으리로다"(14절 하)라는 말은 마치 에스더가 적진 앞에서 죽음을 각오하고 하는 말과 같다. 이렇게 아끼는 아들을 보내고 이스라엘은 얼마나 간절한 마음으로 하나님께 기도했을까? 하나님의 선하신 인도 밖에 다른 무엇이 있을 수 없지 않은가?

형제들이 아버지의 허락을 받고 애굽에 가니 요셉은 그들이 오는 것을 대비하여 많은 준비를 하였다. 이것도 모르고 형제들은 전에 자루에 넣은 돈도 의심스럽고 여러가지가 걱정이 되어 조심스럽게 접근한다. 혹 자기들을 잡아서 노예로 삼을까 걱정하였다. 그러나 두려워 말라는 청지기의 말을 듣고 안심하며 요셉의 집에 들어간다. 그들은 융숭한 대접을 받으며 요셉을 만난다. 요셉은 여전히 아버지의 안부를 묻고 꿈에도 그리던 동생 베냐민을 만난다. 얼마나 감격했으면 복받치는 감정을 억누르지 못하고 "울 곳을 찾아 안방으로 들어가서 울고"(30절 하) 진정한 다음에 나왔겠는가? 형제들은 많다고 하지만 어머니 없이 지내본 자신의 설움을 생각할 때에 그 세월이 눈물이 났을 것이다. 어쨌든 그들은 모처럼 함께 모여 식사를 하게 되었는데 관례대로 따로따로 상을 차리고 먹었다고 한다. 특별히 베냐민에게는 다른 사람보다 다섯 배나 많이 차려주는 특별 대우를 한다.

한 가정의 형제들이 이처럼 특별한 계기를 통해서 만나는 것은 여간 어려운 일이 아니다. 모두가 하나님의 특별한 섭리로 만나고 더구나 굶주림으로 위기에 처한 사람들이 한 사람 때문에 극적으로 일어서고 있다. 우리는 처음부터 야곱이라는 하나님의 사람에게 임하는 극적인 하나님의 은총이 얼마나 긴요한가를 다시 실감한다.

하나님의 구원의 역사는 이처럼 삶의 여러 구석구석에까지 미치는 놀라운 양태를 이 한 사건으로 보게 된다.

대속물로 나선 유다

(창세기 44장)

요셉은 다시 형제들을 시험하고 있다. 그는 어쩌면 집안을 화목하게 만드는 것이 급한 문제라고 생각했을 것이다. 형제들이 장성하여 이제는 아버지도 마음대로 되지 않는 마당에 이미 여러 일들이 일어난 것을 생각하면서 진정으로 사랑과 화목을 간절히 바랐을 것이다. 형들에 의해서 자신이 팔렸던 일은 생각만해도 끔찍한 일이 아닐 수 없다. 집안에서 이러한 끔찍한 일들이 쉽게 일어난다면 그 집안은 화목한 것과는 거리가 멀다. 요셉은 이러한 일들의 중심에서 있었던 장본인이다. 때문에 그는 단 번에 형제를 아는 체 하지 않고 일정한 시험을 통해서 새로운 것을 기대하는지 모른다.

이야기는 대체로 간단하다. 청지기에 명하여 양식과 돈을 각각의 자루에 넣고 자신의 귀한 은잔은 베냐민의 자루에 따로 넣으라고 명령한다. 이런 것을 제대로 알지 못한 형제들은 기분이 좋아서 조반은 먹은둥마는둥하고 일찍 요셉의 집을 나서 자신들의 집으로 떠난다. 얼마나 기분이 좋았겠는가? 집에 가면 눈이 빠져라 기다리시는 아버지가 있는데 풍족한 양식과 돈을 가지고 형제들이 함께 가니 얼마나 아버지가 기뻐하시겠는가? 성문을 나서 얼마를 갔을 즈음 요셉은 청지기를 시켜서 그들을 추격하게 한다. "너희가 어찌하여 선을 악으로 갚느냐?"(4절 하). 영문도 모르는 형제들은 이 소리에 놀라지 않을 수 없었다. 은잔을 지칭하여 "내 주인이 가지고 마시며 점치는 데에 쓰는 것이 아니냐…"(5절 상)라고 하면서 그 은잔을 도둑 맞았다고 하는 것이다. 은잔은 당시 여러 지역에서 그러한 용도로 사용되었다.

그러나 실제로 요셉이 그렇게 사용하지는 않았지만 애굽인으로 이해되는 그들의 입장에서는 이치에 맞는 언급이다. 다시 말해 값비싼 것을 몰래 훔쳐간 중죄를 졌다는 추궁이다. 오늘날 생각과는 달리 사형에 해당하는 무거운 죄이다. 대체 형제들 가운데 그런 일을 저지를 사람이 없음을 아는 그들은 결단코 그런 일이 없다고 나선다. 당연한 이야기가 아닌가? 흉년들어 굶어 죽을 판에 양식을 주고 돈을 준 사람에게서 무엇을 훔친다는 것은 상상할 수도 없는 일이다. 그러면서 돈 욕심이 없음을 이전에 돈을 도로 가져온 것을 말하며 만약에 훔친 사람이 있다면 그는 죽을 것이요 나머지 형제들은 모두가 당신들의 종이 되겠다고 한다. 얼마나 확신이 있으면 이렇게 단호한 입장을 취할까?

그래서 요셉의 계획대로 소지품 조사가 시작된다. 그런데 여기 청지기의 대답에서 주의되는 것은 발견되는 사람은 종이 되고 나머지는 죄가 없다고 하여 형제들의 지목보다 한단계 낮추어 말하는 것을 본다. 여기서 본래 요셉의 계획이 드러나고 있다. 은잔을 소지한 사람만 종으로 붙잡겠다는 말이다. 조사는 시작되고 마침내 베냐민의 자루에서 뜻 밖에도 은잔이 발견된다. 여기서 받은 충격이 얼마나 컸으면 "옷을 찢고"(13절)라고 했을까? 우리 같으면 땅을 치며 통곡을 했다고 해야 할 것이다.

형제들은 자신들은 죄가 없음을 다행으로 생각하면서 가던 길을 계속 가지 않고 베냐민과 함께 되돌아 간다. 그리고 요셉 앞에 엎드린 형제들은 모두 노예가 되겠다고 자청한다. 요셉은 오직 베냐민만 남게 하고 나머지는 가도 좋다고 하자, 유다는 홀로 나서서 형제들의 입장을 대변하고 있다. 그는 아버지 앞에서 자신 있게 보장하고 왔기에 더욱 책임이 무거웠을 것이다.

그가 내세우는 요지는 늙으신 아버지가 옛적에 젊어 얻은 사랑하는 부인이 죽기 전에 두 아들을 두었는데 형은 애석하게도 죽고 남은 아들이 오직 그의 희망이었다는 것이다. 자기의 생명처럼 아끼고 사랑하기에 그를 잃으면 그 생명도 잃는다는 것이다. 그러면서 아버지의 생명과 아이의 생명이 서로 하나로 묶여 있다고 한다. “아버지가 아이의 없음을 보고 죽으리니”(31절)라고 하여 얼마나 베냐민이 소중한 아들인지를 말한다. 그래서 자신의 아이들을 담보하고 데려왔는가를 말하고 그 없이는 갈 수 없다는 것이다. 오죽했으면 “이제 주의 종으로 그 아이를 대신하여 머물러 있어 내 주의 종이 되게 하시고 그 아이는 그의 형제들과 함께 올려 보내소서”(33절)라고 대안을 제시할까? 이보다 어떻게 더 아버지의 슬픔을 감동적으로 묘사할 수 있을까?

유다의 연설은 참으로 절절이 감동이다. 아무리 강한 마음으로 계속하여 시험하려 해도 더이상 지속시킬 수 없도록 호소력이 있고 마음을 움직이는 명연설이다. 중대한 일을 앞에 놓고 신명을 다해 담판하는 유다의 비장한 모습이다. 14절 이하의 유다는 빼어난 연설가의 면모를 보이면서 요셉을 압도하고 있다고 볼 수 있다. 유다는 요셉의 가슴이 터지도록 호소의 심도를 점점 깊게 끌고 가는 화술의 극치를 보여주고 있다. 이토록 자신의 생명을 걸고 나서는 유다를 무시하고 그를 잡아 둘 수 있을까? 어떻게 늙은 아버지의 죽음을 요셉이 참을 수 있을까?

유다로서는 온갖 방법을 동원해서 아버지의 쓰라린 마음을 인봉

해서 여기까지 왔는데 베냐민에게 무슨 일이 있다고 하면 그 모든 것이 허사가 되고 만다. 그래서 베냐민의 생명을 보호하기 위해 기꺼이 유다 자신의 생명을 포기하는 것이다. 이는 이사야의 '고난의 종'이나 '그리스도의 대속적 희생'을 생각하도록 하고 있다. 또다른 하나의 대속의 희생을 보는 듯한 짜릿한 감정을 갖지 않을 수 없다. 어떻게 요셉이 이것을 견디겠는가?

그래서 그의 시험은 일단 실패한 셈이다. 아니 시험의 목표가 온전히 확인되어 더이상 시험할 필요가 없는 처지가 되었다. 우려했던 형제우애나 가정의 화목은 염려할 필요가 없이 돈독한 무엇으로 미래를 보장하고 있지 않는가?

하나님의 큰 구원

(창세기 45장)

오랫동안 헤어졌다가 만나는 모습은 감격적인 경우가 많다. 헬라스군과 트로이아군의 십 년에 걸친 싸움에서 승리한 오디세이아는 고국에 돌아가는 배를 탔으나 난파 당하고 여러 곳을 떠도는 신세가 된다. 한편 오디세이아 궁에는 그의 아내 페넬로페에 구혼하려는 자들로 붐빈다. 그 아내는 구혼자들을 따돌리려고 날마다 베틀에 앉아서 실을 짖고 밤이면 몰래 이를 풀어서 하루하루를 지연하지만 마침내 거짓이 들통나서 이제는 결혼을 할 수밖에 없는 바로 그 때에 오디세이아가 죽을 고비를 수없이 넘기고 돌아온다. 그는 구혼자들을 무찌르고 감격적으로 아내를 만난다. 수없는 매를 맞고 끝까지 정절을 지키다 낭군을 만나는 춘향, 그리고 아버지의 눈을 뜨게 하려고 인당수에 빠져 환생한 심청이를 만나는 심학규도 그 만남이 극적인 장면이 아닐 수 없다.

요셉은 앞의 사람들이 뜻을 성취하고 돌아와서 만나는 것처럼 이제는 거대한 제국의 총리로 형들을 만나게 된다. 요셉은 될 수만 있으면 더 알아보고 만나려 했지만 워낙 유다의 호소가 간절하여 감정이 폭발하고 만다.

1절에 "정을 억제하지 못하여 소리 질러…"라고 함을 통해서 절제하지 못함을 보여 준다. 유다가 하는 구구절절의 말은 형제들이 이제는 옛날의 그 형제가 아니라 새로운 사람이 되었음을 나타낸다. 그들이 베냐민을 그처럼 애지중지하는 것을 보면 이전에 자신이 당한 것과 달리 새사람들을 보는 듯하다. 그가 큰 소리로 울자 궁전에 다 들렸다고 한다. 나라의 총리되는 사람이 큰 소리로 울었다니 보통 일은 아니다.

그는 드디어 형제들에게 "나는 요셉이라"(3절)고 말한다. 이 말에 형들은 말문이 막히는 것을 본다. 세상의 수없는 사람 가운데 어떻게 노예로 팔린 동생이 저렇게 되었을까? 귀를 의심하는 형들을 위해 요셉은 "당신들이 애굽에 판 자라"(4절 하)고 구체적으로 말한다. 형제들에게 참으로 부끄러운 일을 그가 말하고 있다. 그러나 그는 나를 팔았다고 근심하지도 한탄하지도 말라고 한다. 요셉은 그 모든 일이 근원적으로 형들이 한 일이 아니라 하나님께서 가족을 구하기 위해 하신 섭리라는 것을 깨달은 것이다.

앞서 이야기 한 그리스 신화는 인간 구원과는 무관한 영웅을 중심으로 수없는 싸움과 전쟁이 장막 뒤에서 신들이 조종함으로 일어나는 것을 볼 수 있다. 트로이 전쟁도 파리스의 사과사건으로 발단되지만 일설에 의하면 제우스가 인간의 수가 많아지자 위협을 느껴 두 지역을 싸우게 했다는 것이다.

하나님은 인류 역사를 구원으로 이끌어 가시면서 우리가 모르는 놀라운 역사를 세심하게 이루어 가신다. 결국은 형제들의 증오심이 요셉을 팔아치운 것이 아니라 하나님이 생명을 보호하시려고 먼저 요셉을 애굽에 보내신 것이다. 족장시대로부터 약속의 가정으로 서 있는 이들을 보존하기 위해서 일시적 시련을 동반한 섭리가 가족 이산을 가져 온 것이다. 어찌 형제들이 그 모든 책임을 안아야 하겠는가? 본문의 기자는 이 점을 강조하고 있다.

7절에 "하나님이 큰 구원으로 당신들의 생명을 보존하고 당신들의 후손을 세상에 두시려고 나를 당신들보다 먼저 보내셨나니"라고 분명히 말한다. 요셉의 이 말로 인해 형들은 이제 얼굴을 들 수 있는 길을 열어주고 있다. 요셉이야말로 하나님의 뜻을 참으로 잘 깨닫는 신앙인이다. 천지 만물을 주장하시는 하나님이 어찌 애굽의 지도자라고 마음대로 못하시겠는가? 그래서 요셉이 말한 "바로에게 아버지" 곧 고위 궁중관리로 삼은 것이다. 결국 이 모든 일의 배후에는 하나님이 계셔서 구속의 역사를 이루시고 있음을 말한다. 그래서 바로 왕국에서 생명을 구하시는 하나님과 야곱 가족의 분열의 상처를 싸매는 하나님은 동일한 하나님이시다.

요셉은 마음이 바쁘다. 어서 가서 아버지께 요셉이 살아 애굽의 주가 되었으니 모시고 내려오라고 말한다. 그리고 모든 소유를 가지고 오시되 아직도 많이 남은 흉년을 봉양하게 고센 지방, 왕궁에 가까운 곳으로 오라고 한다. 요셉은 이주 권유와 생계 보장의 두 가지를 분명히 하고 있다. 이 보장은 요셉뿐만 아니라 바로 왕에 의해서도 보장되는 것을 17-20절에서 볼 수 있다. 그만큼 요셉은 왕의 신임을 받고 밀접한 관계를 가지고 있었다.

형제들은 왕궁에서 챙겨주는 많은 것을 가지고 아버지께로 돌아간다. 처음 귀가할 때와는 비교도 안 될 만큼 많은 것을 얻어 아버지께 돌아간다. 야곱은 이 모든 것을 보고 놀라지 않을 수 없었을 것이다. 이 숨가쁜 흉년에 어떻게 이런 물질을 가지고 올 수 있었을까? 야곱은 아들들에게서 그 모든 것을 들었지만 도무지 믿어지지 않는 일이다. 요셉이 살아서 애굽의 총리가 되다니, 살아 있기만 해도 대만족인데 궁중의 고관이 되었다니 믿을 수 없었다. 그래서 그의 말인즉 "족하도다 내 아들 요셉이 지금까지 살아 있으니 내가 죽기 전에 가서 그를 보리라"(28절)고 한다. 더이상 바랄 것이 없다는 열두 아들의 아비의 탄성이다. 아버지 야곱의 모든 근심과 걱정을 덮고 남는 하나님의 축복이 눈앞에 보임으로 심판에서 구원으로 가는 하나님의 역사를 본다.

하나님의 선택된 백성의 삶의 길이 어떻게 생명의 길로 열리는가를 보면서 놀라운 그 섭리를 감사하지 않을 수 없다.

지금 죽어도

(창세기 46장)

우리의 이민 역사가 짧지는 않지만 해외에 사는 동포가 이제는 엄청나게 많다. 자기가 살던 곳을 떠나 다른 나라에 산다는 것은 여간 힘든 일이 아닐 것이다. 고생없이 타향에서 성공적인 삶을 살기란 어려운 일이다. 어려움들을 뚫고 성공한 해외 동포들이 참 많은 것은 감사할 일이다.

야곱의 일가가 흉년을 견디기 어려워 살길을 찾다가 천만다행으로 애굽에서 성공한 요셉을 따라 이주하게 되었다. 하나님의 역사가 아니면 도저히 있을 수 없는 천재일우의 기회가 아닌가? 되어지는 일을 가만히 보면 하나님의 구원의 역사가 그렇게 풀리는구나 하는 생각으로 묘한 느낌을 받게 된다.

야곱은 조상적부터 내려온 약속의 줄기를 굳게 잡고 살아가는 사람인지라 막상 고향을 떠난다는 일이 달가운 것만은 아니었을 것이다. 그러나 가족이 살아야 하고 요셉이 크게 된 마당에 마냥 고집을 내세울 처지도 못되었다. 그는 먼저 아버지 이삭의 제단이 있었던 브엘세바로 가서 하나님께 제사를 드린다. 큰 결단을 할 때에 조상의 자리를 찾아 아뢰는 일은 당연한 처사 아니겠는가? 마침 하나님께서 이상 가운데 나타나셔서 "나는 하나님이라 네 아버지의 하나님이니 애굽으로 내려가기를 두려워하지 말라 거기서 너로 큰 민족을 이루게 하리라"(3절 하)고 말씀하신다.

마음에 미심쩍은 상황에서 하나님이 이러한 약속을 확실하게 해 주시니 더 이상의 미련은 없게 되었다. 그가 가족을 이끌고 가는 것이 조상의 길을 가는 것이고 하나님이 계획하는 일의 한 부분임을 알게 된다. 그리고 어디를 가든 함께 하시겠다는 말씀을 듣게 됨으로 확신을 얻을 얻을 수 있었다. 내려가는 것이 하나님의 뜻이고 귀환하는 것도 하나님의 뜻으로 백성의 원대한 앞날을 바라보게 된다. 야곱은 이제 모든 가족과 재물을 가지고 애굽으로 간다. 모세를 지도자로 출애굽하는 이스라엘 백성의 다른 한쪽에 야곱의 일가가 애굽으로 들어가는 사건이 있다. 다시말해 출애굽은 모세가 하고 입애굽은 요셉의 주도로 야곱의 식구가 하고 있다. 시대 상황으로 보아 커다란 이동이 아닐 수 없었다. 칠십여명에 달하는 식구이니 한발 기근의 때에 심히 고달픈 일이다.

8절 이하 27절은 가족의 자세한 소개이다. 애굽에 있는 요셉과 두 아들을 제하고 가나안에서 죽은 엘과 오난을 빼며 대신 딸 디나를 포함해서 모두 66명이다. 자녀들의 분포를 보면 레아의 손이 전체의 반을 차지하며 두 여주인의 종들은 자기 주인의 자녀 반을 차지한다. 여기에 요셉의 가족과 야곱 자신을 더하면 모두 70명이 된다. 이 숫자는 다분히 의도성이 있다는 학자들의 주장이다. 70을 통해서 많고도 완전함을 드러내는 것이다. 베냐민이 벌써 열 명의 자녀를 두었다는 것도 의도성을 보여주는 후대의 반영으로 보는 점이다. 어쨌든 야곱은 많은 식구들을 데리고 멀고 먼 애굽의 길을 갔던 것이다.

야곱은 형제들의 대리인 격인 유다를 요셉에게 보내서 고센에서 만나게 된다. 그야말로 역사적인 만남의 장면을 볼 수 있다. 먼길을 노구에 힘들여 온 아버지 야곱을 요셉은 "목을 어긋맞춰 안고 얼마 동안 울매"(29절 하)라고 한다.

종종 티브이를 통해서 이산 가족의 상봉을 본다. 사람마다 그 모습은 다르지만 나이드신 분들의 떨리는 손을 볼 수 있다. 전율할 정도로 넋이 나간 해후가 아마 야곱이 요셉을 만난 순간일 것이다. 그래서 그는 "지금 죽어도 족하도다"(30절)라고 단적으로 말한다. 예수께서 십자가에 죽으실 때에 하신 말씀 가운데 "다 이루었다"라는 말씀을 생각하게 한다. 야곱은 이제 더 사는 것에 미련이 없음을 보이고 있다. 그의 삶의 최고의 목적이 이 순간 이루어졌음을 알려 준다. 많은 시종들에 둘러싸여 두 부자가 만나는 장면은 가이 감동적이다. 만나야 할 사람이 만나는 모습은 어디에서나 아름답다.

이제 요셉은 그 많은 일가를 어떻게 안주하게 할 수 있을까? 실로 문제가 아닐 수 없다. 흉년은 누구에게나 고달픈 것이다. 애굽에 사는 사람들도 살기 힘든 나날일텐데 외지에서 수십 명이 들어 왔으니 지체 높은 요셉이라 할지라도 곤혹스러웠을 것이다. 지체가 높으면 높을수록 매사가 공명정대하고 사리에 맞아야 신망에 흠이 없을 것이다. 그래서 그는 바로 왕에게 좋은 인상을 얻게 하려는 일련의 조치를 가족에게 주문한다. 바로 왕이 직업이 무어냐고 물으면 조상대대로 목축하는 사람들이라고 대답하여 애굽 사람들과는 별도로 고센 땅에 살게 할 것이라고 말한다. 이는 가족이 고센 땅에 정착하기를 바라는 그의 의중을 볼 수 있다. 애굽의 내륙지방이 아닌 삼각주 주변의 낮은 땅에 거하게 하려는 것이다.

이제 모든 이야기는 요셉에 의해서 야곱의 가족이 좌우되는 것을 본다. 이렇게 애굽에 온 그 일가가 어떻게 다시 새로운 역사를 통해서 출애굽하게 되는가는 하나님의 손길로 보여질 것이다. 모진 풍파를 만난 사람들에게 잠시 안전한 곳으로 피신하게 하고 풍파를 지나 새로운 땅을 향하여 인도하는 보이지 않는 손길을 생각해 본다. '동물의 왕국' 시간에 어떤 커다란 어미 고기가 많은 새끼들을 거느리고 놀다가 적이 다가오는 찰나에 커다란 입을 벌려 모든 새끼들을 한꺼번에 삼켰다가 안전하게 내놓는 것을 본 적이 있다. 하나님은 그 사랑하는 족속을 위기에 처할 때에 어느 예비한 처소로 감쪽같이 몰아 넣었다가 안전하게 살려내는 것은 같은 구원의 원리이다. 노아의 가족을 말할 수 없는 물난리에서 살리시는 하나님은 미미한 물고기에게도 그런 지혜를 주셨을 것이다.

사랑하는 그 백성은 어디를 가도 그 분의 손 안에 있을 뿐이다. 그래서 하나님은 어미고기 같고, 방주, 도피성, 산성 같은 분이시다.

요셉 덕으로 사는 사람들

(창세기 47:1-27)

요셉은 아무런 능력 없이 총리 자리에 오른 것이 아니다. 이미 위기를 감지하고 그에 대한 대안을 제시하여 충분한 검증을 통해서 마침내 통치 책임자가 되었다. 그런 능력의 배후에는 하나님이 계시지만 그는 당대의 가장 훌륭한 정치가임을 확실히 보여준다.

중국 상고시대 요임금 때에 어떤 농사하는 노인이 땅을 치면서 불렀다는 노래가 유명한 '격양가'(擊壤歌)이다: "해가 뜨면 일어나고(日出而作), 해지면 쉬며(日入而息), 우물 파서 물마시고(鑿井而飮), 밭갈아 밥 먹으니(耕田而食), 임금이 나에게 무엇을 힘쓰리오(帝何力於我哉?)." 세상에 부족할 것이 없는 즐거워 함이다. 이른바 자득(自得)이란 말이 여기에 해당하는 말이리라. 안에 다 갖추어져 넉넉하여 도무지 밖에 구할 것이 없는 상태인 것이다. 정치가 있는 듯 없는 듯 잘하는 임금 아래서 태평성대를 노래하는 백성의 모습이다. 자고로 좋은 지도자를 만나는 것은 백성들의 복이다.

애굽은 비록 외국인이지만 좋은 지도자를 만나 극도로 심각한 흉년에도 살아갈 방도를 가진 것이다. 이런 정도가 되니 요셉도 자신감을 갖고 고국에서 가족들을 초청하여 바로 왕에게 떳떳하게 알현하고 있다. 바로는 형제들에게 하던 일이 무엇이었냐고 물었고 선조부터 목자라는 대답과 함께 고센에 살게 해달라는 부탁을 한다. 바로는 요셉의 가족에 무언가 특별한 대우를 하고자 하던 차에 그러한 제의는 반가운 것이 아닐 수 없었다. "땅의 좋은 곳"을 주고 형제 중에 능력 있는 사람을 관리로 채용하라는 부탁을 요셉에게 하고 있다. 총애하는 대신의 가족에 대한 특별한 배려이다.

다시 야곱이 바로를 알현할 때에 일반적인 축복으로 인사를 하매 나이를 묻는다. 그는 그 나이 백삼십이란 말과 함께 "나그네 길의 세월"(9절)이란 말로 약속의 백성의 전형적인 삶의 특징을 내세워 하나님 따라 살아온 날을 회고하고 있다. 나그네 세월이란 일정한 땅을 가지고 정착하는 편안한 생활을 포기하는 하나님 따라 나선 삶을 말한다. 머리 둘 곳 없는 주님의 삶은 약속의 조상의 삶을 단적으로 보여 준다. 야곱의 백삼십이란 세월은 아브라함이나 이삭에 비해 모자란 년수이다. 수명이 짧아질 뿐 아니라 "험악한 세월"(9절)을 살아왔다는 그의 회고이기도 하다. 아마도 악의 세력의 점증을 암시하는 듯하다. 힘든 고난으로 말미암아 세월이 오히려 그의 삶을 짧게 보이게 만들었는지 모른다. 대화를 마친 야곱의 일가는 요셉의 조처로 "애굽의 좋은 땅"(11절) 라암세스를 소유지로 받는다.

한편 세상을 휩쓰는 기근은 더욱 기승을 부린다. 참으로 큰 난리가 아닐 수 없다. 너나없이 먹을 것이 있어야 걱정이 없을 텐데 사방 천지에 먹을 것이라고는 없다. 이런 절체절명(絶體絶命)의 위기에 요셉의 지혜가 만인을 살리는 역할을 한다. 요셉은 곳간에 저장한 곡식을 돈을 받고 모든 사람들에게 판다(14절). 돈이 떨어지자 이번에는 가축을 돈 대신 받고 곡식을 내어 주었다. 말, 양 떼, 소 떼, 나귀를 그들이 끌고와서 곡식으로 바꾸어 갔다고 한다(17절). 그러나 도식적인 이 언급은 많은 의문이 제기될 수 있다. 실제로 농부들이 키우던 가축을 가지고 왔다면 그 많은 짐승을 어떻게, 어디에 받아 무엇을 먹이고 관리를 했을까? 어쨌든 이 모든 것의 의미는 요셉이 구원한 사실에 있다.

세 번째 단계는 기근이 더욱 심각하지만 무슨 대책이 없어 그들 자신과 토지를 내놓겠다는 말을 먼저 하고 있다. 극한적인 상황에서는 우선 목숨을 부지하는 것이 제일 급한 일이다. 살아야 신분도 땅도 필요한 것이다. 그래서 보통 사람들에게는 마지막까지 남는 소유는 목숨이다. 목숨 앞에 더 귀한 것이 있을 수 없다. 한 생명이 천하보다 귀하다 하지 않았던가? 요셉은 모든 토지를 받고 몸을 받아 곡식을 내 준다. 그리고 종자로 씨를 뿌리게 하여 추수의 오분의 일을 바로에게 바치라고 세법을 정한다. 토지 자체가 바로의 것이라면 이 정도의 세는 거저인 셈이다. 그 당시 사경제 생활에서 받는 이자에 비해도 엄청나게 너그러운 세수로 요셉은 좋은 이미지를 심고 있다. 40% 내지는 60%의 이자를 받는 경우가 보통이었다고 한다.

한편 이스라엘의 족속은 애굽 고센 땅에서 안정된 삶을 살게 되었다. 흉년이면 식구하나 더는 것이 얼마나 가벼운지 모르는데 식구 하나도 잃지 않고 고스란히 함께 생업을 얻고 생육, 번성했다니 얼마나 큰 복을 누리게 되었는가? 사방으로 우겨쌈을 당해도 오히려 안연한 야곱의 일가는 하나님이 특별히 보호하시는 모습의 예이다. 하나님께서는 이 때에 쓰시려고 요셉을 그 어려운 고비를 넘기게 하시고 새 민족의 앞날을 예비하고 계신다.

오늘 우리 하나님의 백성들의 앞날도 어떤 준비를 하시고 이끄시는지 눈여겨 보면서 살아야 한다. 나그네의 길이 험해도 그 세월을 지나고 나면 복의 날이 온다.

야곱의 축복

(창세기 47:28-48장)

야곱은 그 가족의 평안한 삶을 이룬 다음 죽음을 준비하는 때를 맞는다. 대가족을 이끌던 그로서는 많은 어려움 속에서도 좋은 날을 가져온 것을 하나님께 감사했을 것이다. 하나님의 약속으로 열두 지파의 조상으로 생을 마감하는 것은 최고의 영예가 아닐 수 없다. 그가 죽음을 감지하고 요셉을 불러 감사하면서 한 가지 요청을 한다. 자신이 죽거든 애굽에 장사하지 말고 반드시 조상들의 묘지에 장사하라는 것이다. 살아 있을 때에 씨족 공동체의 중요성이 있는 것처럼 죽어도 선영의 묘에 참여함으로 그 구성원 됨을 확인하는 옛 사람의 생각을 반영하고 있다. 이처럼 씨족의 결합이 개인의 죽음보다 크게 작용하고 있다.

요셉은 아버지의 청을 받아들이고 물러난 어느날 두 아들을 데리고 야곱을 찾는다. 야곱은 요셉의 두 아들이 왔다는 소리를 듣고 요셉에게 말하기를 하나님께 받은 계시를 인용하면서 요셉이 애굽에서 낳은 두 아들은 자신의 것이라고 한다. 다시 말해 손자를 아들로 여기는 경우이다. 손자를 아들로 입양하는 것이 된다. 우리 전통으로 보면 대를 혼란시키는 것으로 보이지만 그에 앞서 므낫세와 에브라임에게 완전한 족장 신분을 부여하여 거대한 민족적인 번성과 복의 모든 것을 약속한 하나님의 뜻을 따르고 있다. 어쨌든 이처럼 납득이 쉽지 않은 대목을 어떤 학자는 열두 지파의 내용적 차이를 조정하려는 의도로 이해하기도 한다.

야곱은 요셉의 두 아들을 보고 앞으로 나오게 하여 축복을 한다. 요셉은 연로해서 앞이 잘 보이지 않는 야곱을 생각해서 오른손에 므낫세를 세우고, 왼손에 에브라임을 세우니 어찌된 일인지 야곱은 손을 바꾸어서 두 아들의 머리에 손을 얹고 하나님의 축복을 빌었던 것이다. 이에 놀란 요셉은 아버지의 손을 바로잡아 주려고 했지만 야곱은 그 모든 것을 안다고 하면서 아우인 에브라임이 그 형보다 큰 자가 된다고 확인해 주고 있다. 이것은 인간적으로 보면 있을 수 없는 일이다.

그러나 하나님은 종종 이러한 모습을 통해서 일을 수행하시는 것을 본다. 야곱은 동생이면서도 형 에서를 제치고 복을 받았으며 요셉은 동생이지만 형들보다 높아지지 않았던가? 말하자면 순서를 뒤바꾼 당사자가 마주앉아 이야기하고 있지 않은가? 인간적 서열이 종종 이렇게 하나님의 선택에 의해서 뒤바뀔 수 있는 것이다. 사람의 생각과 하나님의 생각이 이처럼 다른 것을 알아야 할 것이다. 한편 어떤 사람들은 실제로 후대에 영향력이 커진 에브라임 지파의 모습에 대한 원인론적 담론으로 이해하기도 한다. 어쨌든 요셉은 이방 여인에게서 낳은 두 아들이 야곱에 의해서 이렇게 복을 받음으로 이스라엘 조상들의 온전한 후손으로 인정되었다. 그리고 야곱은 요셉에게 약속을 주고 있다. 이스라엘 자손이 애굽을 떠나 조상들의 땅으로 돌아갈 것이며 이는 조상의 역사와 출애굽 사건을 연결하는 중요한 언급이다.

또 야곱은 그가 평소 특별히 사랑하던 요셉에게 세겜 지역을 줌으로 특별한 대우를 하고 있다. 22절에 "내가 네게 네 형제보다 세겜 땅을 더 주었나니…"라고 말함은 특별한 의미를 자아낸다. 세겜은 히브리어로 세겜 성읍이라기보다는 '어깨' 라는 뜻을 가진 지역을 의미한다. 그 지역이 어떤 지역인지는 그의 특별한 설명을 통해서 새겨지고 있다. 그는 "이는 내가 내 칼과 활로 아모리 족속의 손에서 빼앗은 것이니라"(22절 하)고 부연하고 있다. 아모리 족속에게서 "칼과 활로" 취한 것이면 얼마나 용맹스런 모습이었는가를 생각하게 하며 이것은 특히 사사시대의 의미있는 말 중에 하나이다.

야곱은 칼과 활로 빼앗은 의미 있는 땅을 요셉에게 주겠다는 자랑스런 말을 하고 있다. 이렇게 하여 야곱의 요셉과 아들에 대한 축복의 일들이 마무리 되고 있다.

분량대로 축복

(창세기 49:1-28절)

야곱은 아버지나 할아버지보다 많은 자식을 낳고 이제 조상의 길을 좇아 세상을 떠나야 하는 시점에 왔다. 인명은 한정이 있어 어느 누구인들 한없는 삶을 살아갈 수는 없는 것이다. 하나님께서 부르는 날이 이르면 훌쩍 떠나야하는 것이 인생이다. 야곱은 모든 자녀들을 부른다. 그는 각각 지파들에게 다른 축복을 내리고 있다. 각 지파의 수장으로 이제 지파가 나아갈 길을 보여주는 셈이다.

먼저 르우벤에 대해서 일면 그의 탁월성을 칭찬하면서도 인생 일대의 실수를 지적하여 장자권을 회수하는 말을 한다. 그와 그 후손이 큰 일을 할 수 없다. 35장 22절에 보면 그는 서모 빌하와 통간했다는 부끄러운 과거로 결정적인 타격을 입는다. 이스라엘 역사에서 르우벤 지파의 사람들에게 유명한 사람이 없고 뚜렷한 역할을 하지 못하는 결정적 원인이 되고 있다. 사람에게 실수가 없을 수 없지만 돌이킬 수 없는 실수는 하지 말아야 한다. 오늘날 한국 사회에서도 과거 어두운 시절에 반 민족적 행위를 한 후손들은 늘 그 가시가 길을 가로 막고 있지 않은가? 안타까운 일이 아닐 수 없다. 결국 르우벤 지파는 사사시대에 흐지부지하다 없어지고 만다.

그 다음 시므온과 레위에게 말한다. 그들이 형제로 불리는 것은 6절 하의 잘못된 일에 의기투합해서 그런 모양이다. 그들의 폭력 행위가 고발당하고 있다. 디나의 불미스런 일에 분노를 품고 갑자기 세겜을 공격한 것은 아름답지 못한 행위로 문제가 되고 있다. 두 지파는 영토를 얻지 못하고 이스라엘 가운데 흩어진다. 시므온은 유다 지파에 흡수되지만 레위 지파는 제사장이 되는데 별로 이해하기는 어려움도 있다.

유다는 그야말로 축복을 받는다. 그 찬미는 좀 과장이 있다고 할 만큼 길어진다. 유다의 이름이 히브리어 '찬송'과 유사한 발음이 됨을 이용하여 말한다. 그는 전쟁을 잘해서 그 형제들의 주도권을 가지며 이것이 장차 여러 이방 민족들을 다스리는 큰 국가의 틀이 될 것임을 말한다. 그래서 장차의 통치자는 그 발음이 비슷한 실로라는 말을 의미없이 쓰면서 온 땅에 복을 내린다고 한다. 통치자로 임하여 복과 풍요를 가져온다는 말이다. 아름다운 포도나무는 풍요를 상징한다. 가히 그 표현이 지나치다는 느낌을 주고 있다. 그리고 스불론은 해변에 거주한다고 한다. 그들이 무역하는 항구 도시를 찾아 시돈을 의지함은 아마 부정적인 뜻으로 쓴 것 같다. 잇사갈은 건장한 나귀로 강하지만 게으르다. 성서에 수넴이라고 부르는 지역이 곧 잇사갈 지파에 속한 곳이다. 또 단에 대한 말은 사사시대에 저 북쪽으로 이주하여 작은 지파로서 강대한 적을 제압한 것을 뱀이나 독사로 우회적인 표현을 하고 있다.

갓, 아셀, 납달리는 짧게 언급하고 있다. 갓의 의미처럼 이웃 적들에게 어려움을 당할 때에 추격하고 박격하며, 아셀은 그들이 사는 지역에 소출이 많아 '왕의 별미'까지 제공하며, 납달리는 놓인 암사슴처럼 기동성과 자유가 있어 번성하리라고 한다.

마지막으로 요셉에 대해서 말한다. 요셉의 경우는 유다처럼 길게 언급하므로 야곱의 관심이 어디에 있는지 알게 된다. 이는 후에 유다가 남왕국을 대표하고 요셉의 아들인 에브라임이 북왕국을 대표하여 남북을 이끌어 가는 것을 암시하는 듯하다. 요셉의 아들들은 많은 침략자들이 들어와도 흔들리지 않을 것이다. 그리고 "하늘의 복과 아래의 깊은 샘의 복"에 힘입어 비옥하고 사람이나 가축이 번성하며 차고 넘칠 것이다. 형제 가운데 누구보다 뛰어난 요셉은 특권이 주어졌다.

이렇게 야곱은 아들들에게 각각의 특성을 따라서 앞으로 살아갈 길을 제시하고 있다. 사람이 가는 길은 각각 다르다. 분복을 따라서 하나님의 백성의 길을 흔들림 없이 사는 것이 제일이다. 분복을 탓하기 앞서 있는 자리에서 최선을 다하는 사람은 아름답다. 한 배에서 나온 형제들도 그 가는 일생이 각각 다른데 세상에 사는 모든 사람들이 다르지 않겠는가? 모든 하나님의 백성의 삶도 각각 다르지만 있는 곳에서 어떻게 하나님을 잘 따르는가를 늘 생각하며 한 길로 간다면 각 개인마다 타고난 재능이나 모양이나 여건이 다 아름답게 채워질 것이다. 지금 나를 둘러싸고 있는 것이 문제가 아니라 내가 할 수 있는 것이 문제이다. 밖의 것은 놓고 내 안에서 가능한 것을 하나하나 선하게 이루어 간다면 얼마나 좋은 삶의 모습인가?

헬렌 켈러는 여건과 환경을 보고 산 사람이 아니다. 오직 믿음으로 자기의 최선을 다해 많은 사람들에게 무엇이 소중한 가를 잘 보여 주었다고 생각한다. 지금 내가 할 수 있는 것: 이것이 오늘의 나의 일이다.

선으로 바꾸사

(창세기 49:29-50:26)

창세기가 끝나는 마당에 이르렀다. 만물의 창조에서부터 요셉의 죽음까지를 50장으로 마감한다는 것은 지극히 간략한 줄임이 아닐 수 없다. 이것은 성서를 이해하는 데 많은 것을 시사한다고 할 수 있다. 이 마지막 부분에 와서는 야곱과 요셉, 두 사람의 죽음이 주는 교훈이 그 주요 내용을 이룬다.

야곱은 죽으면서 "내가 내 조상들에게로 돌아가리니…우리 선조와 함께 장사하라"(29절)고 한다. 죽음 앞에서 족장의 담담한 태도를 엿보게 된다. 죽음은 정녕 슬퍼할 일도 그렇다고 기뻐할 일도 아닌 당연한 인간의 길임을 보여준다. 죽음의 현실을 받아들이는 순리를 볼 뿐이다. 삶의 아름다운 퇴장은 모든 믿는 사람들의 소망이다.

아무리 당연한 길을 가는 아버지 야곱의 모습이지만 그 아들 요셉은 슬프고 안타깝지 않을 수 없었다. 동양에서는 죽음에 대한 예(禮)가 참으로 중요하였다. 논어에 보면 "신종추원"(愼終追遠)이라고 하여 초상을 삼가하고 멀리 돌아가신 분을 추모한다고 한다. 특히 상(喪)은 "치호애이지"(致乎哀而止)라고 해서 상례는 슬픔을 극진히 할 뿐이라고 했다. 가장 중요한 것은 슬퍼함이지 겉치레나 형식이 아니라는 것이다. 슬픔은 그 사람이 어떻게 살았느냐와 많은 관계가 있다. 우리 모두는 떠난 자리가 아쉽고 슬픈 사람이 되어야 할 것이다.

요셉은 아버지의 죽음 앞에서 슬퍼서 울며 입맞추었다고 한다. 그는 시종들에게 당시의 예를 따라 최대로 삼가면서 마지막 가는 길을 다스린다. 시신에 미라 처리를 하면서 향품을 몸 안에 넣는다. 사람들은 마치 애굽의 왕이 죽은 것처럼 칠십일을 곡 했다고 한다. 모두가 요셉의 위상을 말해 준다. 요셉은 바로에게 말하여 야곱이 일찍이 잡은 묘지로 장사하는 일에 참여하기를 원하였고 바로의 허락으로 모든 애굽의 고위 관리와 함께 장사에 참여한다. 국장이나 다름없는 거대한 장례식이었다. "그 떼가 심히 컸더라"(9절 하)고 한다. 요단 건너편에 이른 그들은 "크게 울고 애통하며 요셉이 아버지를 위하여 칠 일 동안 애곡하였더니"(10절)라 하여 규모와 내용에 있어 성대한 장사였음을 보여준다. 그래서 사람들이 보고 "큰 애통"(11절)이라고 했다고 한다. 아까운 인물이 죽었을 때에 흔히 우리는 큰 별이 떨어졌다는 비유를 쓴다. 밤하늘에 반짝이는 큰 별이 없다면 아쉬울 수밖에 없을 것이다. 이스라엘의 조상 한 사람이 이렇게 세상을 떴다.

요셉은 형제들과 모든 애굽 호상꾼과 함께 집으로 돌아온다. 형제들은 커다란 버팀목인 아버지 야곱이 떠난 자리에서 은근히 두려움을 갖는다. 혹 요셉이 기다렸다는 듯이 옛 일로 그들을 해치지나 않을까 하는 걱정이다. 그래서 그들은 요셉에게 하늘 같은 야곱에 의지해서 야곱의 유언의 말로 용서를 구한다. 이는 요셉이 전혀 생각하지도 않은 옛 감정을 새삼스럽게 들추는 형제들의 기우였던 것이다. 다시 말해 요셉은 이미 화해를 했음에도 형제들이 믿지 못하고 속으로 근심했던 것이다.

여기에서 요셉은 다시 운다. 이 울음의 의미는 무엇인가? 진정으로 화해를 했음에도 형제들이 죄책감을 이기지 못하고 아직까지도 마음에 평안없이 살아왔다는 것을 생각하니 눈물이 나지 않을 수 없었다. 더구나 앞에 나와 형제들이 "우리는 당신의 종들이니이다"(18절 하)라고 말했을 때에 기가 막혔을 것이다. 그는 "내가 하나님을 대신하리이까?"(19절 하)라고 하여 그럴 권리 없음을 분명히 한다.

그러면서 그는 중요한 말을 계속하고 있다. "당신들은 나를 해하려 하였으나 하나님은 그것을 선으로 바꾸사 오늘과 같이 많은 백성의 생명을 구원하게 하시려 하셨나니"(20절)라고 하여 인간과 하나님의 대조적인 도모를 역설한다. 형제들은 죽임을, 하나님은 구원을 도모하는 것이 요셉이 본 세상의 모습이다. 많은 백성의 생명을 구원하는 하나님은 요셉을 통해서 역사하신 손길이다. 하나님은 요셉 한 사람을 세워서 그 집안을 구하고 또 이방 나라인 애굽의 수없는 백성을 구하신 놀라운 역사를 이루셨다. 요셉의 신앙고백이다.

어찌 사사로운 인간 감정에 사로잡혀 그 형제들에게 앙갚음이나 할 요셉이겠는가? 하나님을 두려워하여 그 숱한 고난과 유혹에도 신앙의 자세에 흐트러짐 없이 살아온 요셉이 아니던가? 어쩌면 그는 순교자이다. 수없는 악과의 대결에서 오직 하나님을 바라보고 몸을 바친 순교자이다. 형제들을 향하여 두려워 말라는 말을 두 번이나 강조한다. 요셉은 하나님의 선을 악으로 갚을 속 좁은 사람이 아니다. 그가 하나님과 함께한 삶을 통해서 얻은 선은 형제들과 만 백성을 향해 한 가지로 베푸는 일이다. 야곱의 아들 요셉은 그런 사람이다.

창세기는 요셉의 죽음을 마지막으로 끝내고 있다. 그는 비교적 조상보다 짧은 백십세를 살다가 죽는다. 마길의 아들까지 입양해서 삼대를 보고 죽는다. 다시 말해 누릴 복은 다 누려 원없는 세상을 살았음을 보여준다. 그리고 유언하기를 내 해골을 메고 올라가겠다라고 하여 죽어서라도 약속의 땅을 가겠다는 굳은 의지를 보여준다. 그는 나중에 출애굽하는 이스라엘 백성의 틈에 끼어 모세가 그의 유골을 가지고 가나안으로 간다(출 13:19). 그리고 거기에 안장된다.

하나님은 요셉을 통해서 큰 일을 행하셨다. 형제들의 죄책, 악까지도 자신의 구원의 역사에 포함하셨다. 하나님의 "큰 구원"에는 형제 뿐만아니라 만민까지도 포함하시며 인간이 욕심으로 악을 계획할지라도 선하신 하나님은 구원으로 바꾸시는 하나님이시다. 이 큰 구원을 안다면 누가 하나님께 기쁨으로 오지 않겠는가? 뜨거운 마음으로 하나님을 즐거워 하자.

창세기 그 홍겨운 말씀

역은이 유행열

펴낸이 정덕주

펴낸 곳 한들출판사
서울시 종로구 연지동 136-46 기독교회관 710호
등록 제2-1470호 1992.

E-Mail handl2006@hanmail.net
홈페이지 www. ehandl.com
전화: 편집부 741-4068~69
영업부 741-4070 FAX 741-4066

2008년 3월 10일 초판 1쇄 인쇄
2008년 3월 17일 초판 1쇄 발행

ISBN 978-8349-435-1 93230

* 잘못된 책은 바꿔 드립니다.